LES
ASSURANCES OUVRIÈRES

EN ALLEMAGNE

Rapport à l'Académie des sciences morales et politiques
sur les résultats d'une mission en Allemagne.

PAR

Maurice BLOCK

MEMBRE DE L'INSTITUT

Extrait du compte rendu de l'Académie des sciences morales et politiques

PARIS

LIBRAIRIE GUILLAUMIN ET Cⁱ

Éditeurs du Journal des Économistes, de la Collection des principaux Économistes
du Dictionnaire de l'Économie politique,
du Dictionnaire du Commerce et de la Navigation.
RUE RICHELIEU, 14

1895

LES
ASSURANCES OUVRIÈRES
EN ALLEMAGNE

Rapport à l'Académie des sciences morales et politiques
sur les résultats d'une mission en Allemagne.

PAR

MAURICE BLOCK

MEMBRE DE L'INSTITUT

EXTRAIT DU COMPTE RENDU
De l'Académie des sciences morales et politiques
(INSTITUT DE FRANCE)
PAR MM. HENRY VERGÉ ET P DE BOUTAREL
Sous la direction de M. le Secrétaire perpétuel de l'Académie

---

PARIS

LIBRAIRIE GUILLAUMIN ET Cⁱᵉ

Éditeurs du Journal des Économistes, de la Collection des principaux Économistes
du Dictionnaire de l'Économie politique,
du Dictionnaire du Commérce et de la Navigation.
RUE RICHELIEU, 14

—

1895

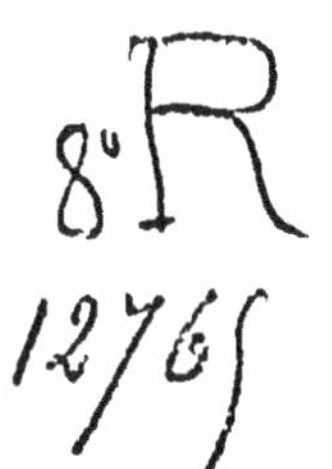

PRINCIPAUX OUVRAGES DE L'AUTEUR

Statistique de la France, couronné par l'Institut, 2º édition, 2 volumes. Paris, Guillaumin.

Traité théorique et pratique de statistique, 2º édition, 1 volume. Paris, Guillaumin.

L'Europe politique et sociale, 2º édition, 1 volume. Paris, Hachette et Cⁱᵒ.

Progrès de la science économique depuis Ad. Smith, 2 volumes. Paris, Guillaumin.

Petit Manuel d'économie politique, Prix Montyon. Traduit en douze langues. Paris, Hetzel et Cⁱᵒ.

Entretiens familiers sur l'administration de notre pays, 12 petits volumes. Paris, Hetzel et Cⁱᵒ.

Dictionnaire de l'Administration française, 3º édition. Paris, Berger-Levrault et Cⁱᵒ.

Les Communes et la Liberté. Paris, Berger-Levrault et Cⁱᵒ.

Dictionnaire général de la politique. 2ᵉ édition. Paris, Perrin et Cⁱᵒ.

L'Espagne en 1850. (*Épuisé.*) Paris, Guillaumin.

Des Charges de l'agriculture dans les divers pays de l'Europe, couronné. (*Épuisé.*) Veuve Bouchard-Huzard.

Annuaire de l'économie politique et de la statistique, 1 volume par an depuis 1856. Paris, Guillaumin.

Aphorismes économiques. Paris, Guillaumin.

Le Socialisme moderne. Paris, Hachette et Cⁱᵒ.

Les Suites d'une grève. Paris, Hachette et Cⁱᵒ.

L'État et la Société, le Socialisme et l'Individualisme. Paris. Guillaumin.

LES
ASSURANCES OUVRIÈRES
EN ALLEMAGNE.

CHAPITRE Iᵉʳ. — INTRODUCTION.

Le 8 mars 1881, le gouvernement allemand présenta au Reichstag son 1ᵉʳ projet de loi d'assurance contre les accidents professionnels. Ce projet de loi fut ainsi motivé : « En discutant la loi du 21 octobre 1878, concernant les agissements subversifs des socialistes démocrates, on a reconnu la nécessité d'opposer aux faits inquiétants qui ont rendu cette loi nécessaire — en même temps que l'action coercitive — des mesures tendant à améliorer la situation des ouvriers. »

L'exposé des motifs développe cette pensée. Il espère que les nouvelles lois douanières (loi de 1879) contribueront à faire monter les salaires, mais il reconnait que même avec une industrie florissante, l'incertitude du lendemain, qui pèse sur le travail manuel, produit des maux que les lois ne peuvent pas faire disparaître, mais que le législateur doit s'appliquer à atténuer.

C'est pour l'Etat un devoir inspiré par l'Humanité et le Christianisme, continue l'exposé des motifs, de s'intéresser davantage à ceux de ses membres qui ont besoin d'assistance ; c'est aussi une des tâches qui s'imposent à une politique conservatrice de l'Etat. Il lui incombe d'entretenir chez les classes dénuées de fortune — qui sont le grand nombre — cette idée, que l'Etat n'est pas seulement une institution utile, mais encore une institution bienfaisante. A cet effet, ces classes doivent être amenées par des mesures qui leur seront directement avantageuses à reconnaître que l'Etat n'a pas été créé uniquement dans l'intérêt et au profiit des classes aisées.

Je résumerai encore un alinéa. « La crainte d'introduire un élément socialiste dans la législation, dit l'exposé des motifs, ne doit pas nous empêcher d'entrer dans cette voie. Il ne s'agit pas, d'ailleurs, de créer du tout nouveau, mais seulement de développer une idée née de la civilisation chrétienne moderne, qui confère à l'Etat , outre la défense des droits établis, la mission de fonder d'utiles établissements et d'employer ses ressources dans l'intérêt général et plus spécialement pour le bien des faibles et des indigents. C'est dans ce sens-là, continue l'exposé des motifs, que l'Etat moderne qui, — contrairement aux vues de l'antiquité et du moyen âge — se croit tenu d'exercer la bienfaisance publique, renferme un élément de socialisme, et, en réalité, les mesures à prendre pour améliorer la position des classes dénuées de fortune ne consistent qu'en une meilleure organisation de l'assistance publique, et dans le développement de l'idée sur laquelle cette institution est fondée. »

2

Ne discutons pas l'opinion qui vient d'être émise sur la bienfaisance dans l'antiquité et au moyen âge ; bornons-nous à faire remarquer que le gouvernement allemand, obéissant à des préoccupations politiques, est entré, peut-être sans nécessité, dans ce qu'on appelle le « Socialisme d'Etat ». Pour franchir ce premier pas, le seul qui coûte, il lui a suffi d'attribuer au socialisme des affinités avec la bienfaisance. Je ne saurais admettre cette affinité, car le socialisme ne songe qu'à prendre ou à recevoir, et la bienfaisance qu'à donner. Pour définir le socialisme, ce n'est pas à des idéalistes, c'est à des publications socialistes qu'il faut s'adresser et l'on y trouvera de tout autres choses que l'éloge de la charité. En fait, le gouvernement allemand n'est pas allé bien loin à la rencontre du socialisme, il s'est borné à adopter quelques formules à la mode ; mais en présentant les lois sur les assurances ouvrières, dans le juste sentiment de sa responsabilité, il s'est avancé avec prudence, sans faire intervenir l'Etat plus qu'il n'était nécessaire ; on s'en convaincra en y regardant de près.

C'est précisément parce que la mesure a été inspirée par la politique qu'elle est restée, au fond, étrangère à toute influence doctrinale. C'est de l'opportunisme pondéré. Les attentats de 1878, dirigés contre l'empereur Guillaume, étant attribués aux socialistes, on soumit ces derniers aux rigueurs d'une législation spéciale, et en même temps, à titre de compensation, on annonça des réformes destinées à améliorer le sort des ouvriers. On s'appliqua, en effet, à faire accepter par le parlement des lois garantissant aux ouvriers des indemnités en cas d'accident, ainsi que des pensions en cas de vieillesse ou d'infirmité.

Cette combinaison était peut-être, pour le prince de Bismarck, le gant de velours recouvrant la main de fer, mais pour Guillaume Ier, c'était bien le désir de contribuer au bonheur de son peuple. Le premier projet de loi, celui du 8 mars 1881, ayant rencontré des résistances au Parlement, un message impérial du 17 novembre de la même année s'exprime ainsi : (Je reproduis la traduction officielle faite à Berlin).

« Nous considérons qu'il est de notre devoir impérial de

« demander de nouveau au Reichstag de prendre à cœur le
« bien des ouvriers, et nous pourrions regarder avec une
« satisfaction bien plus complète toutes les œuvres que notre
« gouvernement a pu réaliser avec l'aide de Dieu, si nous
« pouvions acquérir la certitude que nous laisserons après
« nous, à la patrie, une garantie nouvelle et durable qui
« assurerait la paix intérieure et donnerait à ceux qui souf-
« frent l'assistance à laquelle ils ont droit. » Le message
renferme encore d'autres passages ayant un caractère bien
personnel.

3

Il convient de faire remarquer ici que la question des assurances ouvrières remonte bien plus haut en arrière que
1881, 1878 et même 1876. A cette dernière date on réorganisa
les caisses de maladie, dites alors *Hülfskassen*, caisses de
secours (mutuels), et si leur nom a changé, c'est qu'on croit
avoir changé de principe. Naguère encore, les hommes se
laissaient gouverner à la fois par le principe économique et le
principe charitable, mais en les distinguant nettement ;
actuellement on prétend remplacer ces deux principes par le
principe social, qui est censé les réunir, mais qui certainement les brouille, et ce n'est pas en qualifiant les assurances
ouvrières de « lois sociales » qu'on les a éclairées d'une
lumière bien vive.

Il n'existe pas encore de définition généralement acceptée
du mot *social* pris dans son sens nouveau, c'est-à-dire dans
son sens politique. On est assez disposé à considérer l'emploi
du mot *social* comme la cause qui a fait introduire l'obligation dans les mesures prises en faveur des ouvriers, et
notamment dans les assurances, car l'influence des mots est
très réelle — mais en matière politique, économique et
administrative, l'obligation est antérieure à l'emploi du mot

social. Plusieurs circonstances ont mis ce terme à la mode ; c'était d'abord le socialisme doux et anodin de Saint-Simon, de Fourier et de leurs contemporains, c'était ensuite une doctrine métaphysique dont Hegel était l'un des représentants. C'était celle de l'Etat organique. On entendait par là que les hommes sont créés dans l'intérêt de l'Etat. Ce que la nature a voulu produire, c'est l'Etat. Il s'ensuit que l'individu est un simple atome et que le représentant de l'Etat peut lui imposer toutes les obligations qu'il juge à propos.

J'ai réfuté ailleurs cette doctrine que contredisent tant de traits de la nature humaine, je me contenterai de faire remarquer ici que nous pouvons nous passer de l'hypothèse d'un Etat organique, puisque l'obligation peut s'imposer par contrat entre individus, et que des individus peuvent instituer une autorité commune et la doter de pouvoirs coercitifs. Un gouvernement libéral usera de ces pouvoirs moins souvent, mais s'il y a lieu il s'y décidera avec une conscience aussi tranquille que pourrait le faire un gouvernement autoritaire ; il est même difficile de définir le principe qui, relativement à l'obligation, sépare ces deux gouvernements, la multipliant chez l'un, la raréfiant chez l'autre.

Je crois être assez près de la vérité en disant que le gouvernement libéral rendra, sans hésiter, obligatoires tous les actes qui ont rapport à la collectivité, ou aux citoyens entre eux, mais hésitera à imposer à ses administrés des actes qu'on peut ranger avec les devoirs envers soi-même ; tandis que le gouvernement autoritaire ne se contentera pas d'imposer des devoirs envers l'Etat ou envers les concitoyens, il voudra aussi régler les actes de la vie individuelle d'après les doctrines générales. En d'autres termes, pour les actes de la vie publique, tous les gouvernements, quelle que soit leur forme, exigeront une égale soumission, une égale discipline ; leurs procédés différeront surtout par rapport à la vie privée. En somme, les gouvernements sérieux examinent chaque cas, et se décident d'après les circonstances.

4

L'histoire des Sociétés de secours mutuels en fournit un exemple. En Prusse, comme dans les autres pays civilisés, ces Sociétés sont nées, pour ainsi dire, spontanément, dès que le besoin s'en est fait sentir ; seulement, par l'effet de l'indolence et de l'imprévoyance humaines, elles n'ont pris toute l'extension nécessaire que lorsque les gouvernements ont poussé à la roue. Presque en même temps qu'en France, au commencement de la seconde moitié de ce siècle, le Gouvernement prussien réorganisa les Sociétés de secours mutuels et — bien qu'à cette époque régnât un esprit libéral en matière économique, — l'obligation, pour les ouvriers, de se faire inscrire comme participants, fut décrétée. La loi française du 26 mars 1852, bien qu'elle parût sous la forme d'un décret dictatorial, n'impose aucune obligation, elle agit par voie d'encouragement.

Toutefois, la loi prussienne n'introduisit d'abord l'obligation, pour ainsi dire, que par un détour : les communes étaient autorisées à prescrire aux ouvriers qui les habitaient de se faire inscrire et de verser une cotisation à la caisse locale. Il suffisait, à cet effet, d'un règlement ou statut municipal. Il convient d'ajouter que le législateur prussien se bornait ainsi à développer la législation sur l'assistance publique. C'étaient les communes qui étaient tenues à l'assistance, et en obligeant les individus que leurs moyens précaires d'existence pouvaient mettre à la charge de leurs concitoyens, à faire acte de prévoyance, on ne faisait qu'alléger le fardeau de la charité publique... au profit des communes, si l'on veut, et au profit bien plus grand encore des pauvres qui évitaient ainsi les humiliations de l'aumône et la perte de leurs droits politiques.

Il importe de constater ici deux points qui contribuent grandement à expliquer la direction prise par la législation

ouvrière allemande ; elle aurait sans doute pris cette direction, lors même que le socialisme ne se fût pas constitué en
parti politique (soit dit en passant, les socialistes ont voté
contre presque toutes ces lois) et lors même que les spécu-
lations métaphysiques sur l'État organique n'eussent pas
trouvé de complaisants propagateurs.

Ces deux points, les voici : l'un, c'est l'assistance publique
rendue obligatoire. Elle l'est pour les communes, et dans
certains cas pour l'État et la province ; non que l'indigent ait
une action contre la commune, mais l'État a un droit de
coercition contre elle, et les communes qui ont assisté des
pauvres qui n'y avaient pas le domicile de secours peuvent
demander à qui de droit, et devant les tribunaux, le remboursement de leurs avances. Or, cette obligation communale est
souvent une lourde charge, elle a provoqué de nombreuses,
de bruyantes plaintes, et le législateur se préoccupe depuis
longtemps des moyens d'alléger ce trop pesant fardeau.

Le second point c'est que, de tout temps, les économistes
ont recommandé la prévoyance, et plus spécialement l'assurance, comme moyen de restreindre l'assistance et aussi
comme moyen de ménager la dignité des malheureux. Sur
ce point les économistes de toutes les écoles sont d'accord.
Il ne s'établit une nuance que lorsqu'on touche à l'obligation,
les publicistes libéraux ont une répugnance contre toute
coercition, répugnance instinctive ou raisonnée, comme on
voudra, mais qui cède devant une nécessité bien établie.

5

A cette répugnance on peut opposer le raisonnement que
voici : dans un pays où le devoir de l'assistance est imposé
par la loi, on peut établir, comme contre-partie de ce devoir, celui d'éviter l'assistance en pratiquant la prévoyance. En pareil cas ce n'est pas une vertu privée que le législateur veut
inculquer, ce qui ne serait peut-être pas sa mission, mais une

mesure de police qu'il prend comme lorsqu'il borde la rivière d'un parapet. Si l'autorité publique a le droit d'empêcher qu'on tombe dans l'eau, pourquoi n'aurait-il pas celui d'empêcher qu'on tombe à la charge d'autrui? — On pourrait ajouter que de deux maux il faut choisir le moindre : c'est un mal d'imposer une obligation, mais c'est un mal plus grand encore de laisser les gens tomber, par imprévoyance, à la charge de leurs concitoyens.

On objectera que ces arguments ne s'appliquent qu'à l'individu qui peut avoir besoin de secours, et non à ceux, patrons ou simples citoyens, qu'on charge d'impôts en faveur de cet individu. En élevant cette objection on perd de vue que le devoir de l'assistance est déjà reconnu dans le pays. Que ce soit un sentiment humanitaire ou un sentiment religieux qui ait fait naître ce devoir, peu importe ; il existe, et il n'y a plus qu'à étudier le meilleur moyen de le pratiquer : qui dit devoir, dit obligation.

Je n'ignore pas que certains philosophes, et certains sociologues, sans interdire absolument les secours, les voient d'un mauvais œil, qu'ils en craignent les abus et considèrent les souffrances de la misère, soit comme la punition automatique de vices, soit comme le procédé éducateur de la nature ; mais de pareilles doctrines méconnaissent les plus nobles sentiments de l'homme, ceux qui les mettent au-dessus de la brute. Non, grâce à la civilisation et à la religion, les hommes s'imposent des devoirs envers leur prochain, et une fois ce point admis, la prévoyance — là où elle est applicable — sera toujours reconnue le meilleur des procédés, la charité devant être réservée aux cas où l'autre est inapplicable.

C'est en raisonnant ainsi, et sans recourir à des arguments métaphysiques ou mystiques, que le Gouvernement allemand a procédé, d'abord pour réorganiser les caisses de secours mutuels, puis pour créer un ensemble d'assurances de plus en plus ample, et dont il sera encore longuement question. Quant à l'obligation appliquée aux Sociétés de secours mutuels, obligation pour l'ouvrier d'en être membre participant, obligation pour le patron d'en être membre honoraire, c'est-à-dire de verser des cotisations, elle remonte si haut en arrière qu'on ignore la date de son origine. Les plus anciens documents sont du XIVᵉ siècle et parlent des mineurs. Cette industrie étant une des plus dangereuses, elle a été une des premières à développer la mutualité. Aucune théorie, on le pense bien, n'est intervenue à l'origine pour obliger les patrons à contribuer aux caisses de secours, on a seulement constaté que les cotisations des ouvriers ne suffiraient pas, et ainsi l'intervention des patrons s'est trouvée être une nécessité. L'obligation fut maintenue de siècle en siècle et se retrouve dans la loi prussienne du 12 mai 1851 et dans d'autres. La loi du 3 avril 1854 alla plus loin en autorisant les communes et l'autorité administrative supérieure à créer des caisses de secours obligatoires.

Différentes circonstances, qui ont leur source dans l'organisation industrielle de l'Allemagne, ont facilité l'extension du principe de l'obligation, appliqué à la fois aux patrons et aux ouvriers. Cependant une première proposition faite au Reichstag pour généraliser l'institution ne passa pas d'emblée, on accepta le principe en demandant au Gouvernement de présenter une nouvelle rédaction qui ménageât les caisses existantes, c'est-à-dire qui dispensât d'entrer dans une caisse officielle l'ouvrier déjà inscrit dans une caisse libre. Cette idée fut réalisée dans les lois des 7 et 8 avril 1876. Je montrerai, dans un chapitre spécial, les modifications que cette loi a subies par suite de l'extension du principe de l'obligation à d'autres assurances.

6

En même temps qu'on s'occupait de l'amélioration de la loi sur l'assurance en cas de maladie, on cherchait le moyen, non seulement de protéger les ouvriers contre les accidents, mais encore, et surtout, d'assurer une indemnité aux victimes et à leurs proches. Le principe formulé dans l'article 1383 du Code civil français : « Chacun est responsable du dommage qu'il a causé non seulement par son fait, mais encore par sa négligence ou par son imprudence » est en vigueur dans tous les pays civilisés, mais ce principe à lui seul, qui n'est d'ailleurs pas toujours clairement exprimé, ne fournit qu'une protection très insuffisante à l'ouvrier, puisque généralement il lui impose un long procès et la nécessité de réunir des preuves pour lesquelles les éléments lui font habituellement défaut. Et en fait, ledit principe n'a fourni que rarement satisfaction aux victimes d'accidents.

L'Allemagne a d'abord cru y remédier par la loi du 7 juin 1871 sur la responsabilité en cas d'accidents graves ou mortels causés par les chemins de fer, ou survenant dans les mines, usines et fabriques. Cette loi impose au patron la preuve que l'accident est le résultat d'une force majeure ou de la faute de la victime. C'était déjà quelque chose ; mais ce n'était pas assez. Le procès était resté nécessaire ; les patrons s'étaient adressés à des compagnies d'assurance qui prétendaient payer sur jugement seulement, ou qui s'arrangeaient parfois avec la famille des victimes d'une façon qui faisait manquer le but de l'institution,

A mesure que les années se passèrent, les défauts de la loi de 1871 se firent de plus en plus sentir. Survinrent les attentats de l'année 1878 et le gouvernement qui venait de prendre des mesures de rigueur contre les socialistes jugea qu'il devait, en compensation, réaliser enfin certaines promesses, faites aux ouvriers, et notamment instituer l'assurance contre les accidents. C'était là cependant une question extrêmement ardue, qui exigeait au préalable la solution de plusieurs problèmes complexes. Aussi ne furent-ils pas résolus par le premier projet de loi, celui qui fut soumis au Reichstag le 8 mars 1881.

Le premier de ces problèmes était fondamental, il s'agissait de modifier le droit existant, ou plutôt d'en créér un nouveau.

On se rappelle qu'un premier pas avait été fait dans ce sens en 1871. Autrefois la victime d'un accident devait prouver que la faute en était au patron, tandis que la loi du 7 juin 1871 impose au patron la preuve de sa non-culpabilité.

On sait déjà que cette mesure ne s'est pas trouvée suffisante. Il y eut des voix pour demander que la responsabilité fût poussée jusqu'à l'extrême et élevée aussi haut que possible ; mais on reconnut qu'en chargeant trop les entrepreneurs on s'exposait à les ruiner, et surtout, à les mettre dans une situation défavorable par rapport à leurs concurrents étrangers. D'un autre côté, on trouvait de l'exagération dans les décisions qui accordaient à la victime d'un accident, qui cesse de rendre des services, une indemnité égale à la totalité de son salaire habituel, en rappelant que les fonctionnaires retraités non plus ne jouissent pas de la totalité de leur traitement d'activité. Enfin, on ajouta que, plus on élèverait les charges des uns, et admettrait les prétentions des autres, plus les procès deviendraient nombreux et irritants, surtout depuis que l'assistance judiciaire exempte l'ouvrier ds tous les frais d'instance.

On a ensuite imaginé un système qui prescrirait à chaque patron une série de mesures à prendre pour éviter les accidents ; ces mesures se seraient spécialisées selon les industries, et les patrons qui les auraient négligées seraient d'emblée présumés coupables, jusqu'à preuve du contraire. Mais on objecta qu'une pareille spécialisation est presque impossible, ne serait-ce qu'à cause des progrès incessants de la technique qui provoquerait de continuels changements. D'ailleurs ces prescriptions ne feraient pas cesser les procès, qu'on tient tant à éviter.

7

La solution à laquelle on s'est arrêté consiste, pour me servir de la formule employée par certains auteurs, à transformer la nature de la responsabilité professionnelle : elle cesserait d'être une affaire de droit privé, pour devenir une affaire de droit public. Voici quelle serait la conséquence de cette transformation. Jusqu'à présent la loi ne protégeait que les personnes occupées dans certaines industries (chemins de fer, mines, usines, fabriques) et leur faisait espérer une indemnité complète, qui, cependant, ne s'obtenait pas toujours ; une nouvelle loi étendrait une protection plus sérieuse à l'ensemble des industries. Puis, en cas d'accident, on n'examinerait pas à qui on doit imputer la faute, l'indemnité serait toujours de droit. En revanche, elle ne serait pas absolue, illimitée. Elle se bornerait à fournir à la victime une pension proportionnelle à son incapacité de travail, et, en cas de mort, à sa famille des secours efficaces. On insista beaucoup sur la nécessité de faire complètement disparaître tout examen sur la cause de l'accident, si l'on tient à éviter les procès et à donner à l'ouvrier toute sécurité pour l'obtention de son indemnité. En fait, la solution définitivement adoptée n'est pas aussi absolue que cela ; elle s'en approche, cependant, assez, comme on le verra, pour satisfaire à la pratique courante. Mais a-t-on besoin de distinguer ici, comme le font certains théoriciens, entre le droit public et le droit privé, c'est là une autre question, et comme elle a des prétentions métaphysiques, nous ne nous y arrêterons pas.(1)

(1) Ce n'est pas sans arrière-pensée, en effet, qu'on insiste tant sur le caractère « public » qu'on voudrait conférer au droit d'indemnité en cas d'accident. Cette doctrine est inspirée par des tendances socialistes. En tout cas, aucun des arguments développés jusqu'à présent n'est décisif. On a dit : La législation sur les assurances est fondée sur l'article 4

Le premier problème à résoudre était donc de trouver un moyen d'éviter les procès entre patrons et ouvriers, tout en assurant une indemnité à ces derniers. On y est arrivé, à la satisfaction à peu près générale, par une transaction, savoir :

D'une part, l'ouvrier reçoit sur un point plus de droit qu'il

(§ 1er) de la Constitution de l'Empire. Or cet article contient une simple énumération des attributions du Reichstag, et celles-ci comprennent en outre (§ 13) l'ensemble du droit civil, le droit pénal et la procédure. Tout le droit pourrait donc être qualifié de « public » et ce mot n'aurait plus aucune signification particulière.

D'autres auteurs classent dans le droit public la législation sur les assurances, parce qu'elle est de la compétence administrative. Mais les rapports de l'administration avec les particuliers peuvent intéresser le droit privé en bien des points, ce n'est pas sans raisons qu'on a institué les tribunaux administratifs et la procédure des conflits, pour forcer les intérêts privés à céder le pas aux intérêts généraux ou, ce qui est considéré comme tel ; devant les tribunaux ordinaires la lutte aurait eu lieu à armes égales.

Qu'est-ce, au fond, que le droit public ? Celui qui concerne les intérêts généraux, l'État, la nation, la société. On peut, si l'on veut. assimiler aux intérêts généraux les intérêts particuliers de nature universelle, par exemple, le payement des dettes. Il importe que tout le monde paye ses dettes et que l'État protège l'exécution des contrats Quand A demande à B de lui payer sa dette, est-ce un procès de droit privé ou un procès de droit public qu'il introduit ? Eh bien, ce droit privé est bien plus universel que celui de l'indemnité en cas d'accident, car tous les créanciers ont droit à payement sans stipulation spéciale de la loi, tandis qu'il a fallu une série de lois et de nombreuses stipulations pour déterminer qui aura droit à indemnité en cas d'accident et quelle sera l'étendue de ce droit. Et ce droit à indemnité est bien moins net et absolu que le droit à payement du créancier. On peut même ajouter que le droit de la victime d'un accident contient un alliage de charité.

Mon objection est fondée sur la pensée qu'on considère le droit public comme un droit supérieur ; si on le considérait comme un droit inférieur, je me bornerais à dire qu'il y a de graves inconvénients à constituer des droits de différents degrés.

n'en possède naturellement, c'est-à-dire, qu'il sera indemnisé presque en tout cas, et notamment si l'accident est dû à une cause de force majeure, s'il a eu lieu par hasard, et même par suite d'une faute involontaire (1) de l'ouvrier lui-même.

D'autre part, l'ouvrier n'a plus droit à un dédommagement absolu, et selon son appréciation à lui, mais à une indemnité proportionnelle au dommage effectif.

Par suite de cette transaction, le patron ne pourra plus dire au juge : « Si l'ouvrier demandeur a perdu un bras, c'est sa faute, il a été imprudent, je ne lui dois rien » ; l'ouvrier, de son côté, ne pourra plus dire : « M. le juge, j'évalue la perte de mon bras à 20.000 francs, condamnez mon patron à me payer cette somme ». A présent, le juge n'intervient presque plus (2); on procède administrativement; au besoin, il y a une décision arbitrale, et les arbitres n'ont pas à rechercher combien vaut le bras, mais combien la victime gagnera en moins après la perte de son bras. Nous y reviendrons.

Le deuxième problème fondamental à résoudre peut se formuler ainsi : Qui devra payer ? La réponse qui se présente tout d'abord est : celui qui profite de la mesure et chacun proportionnellement aux avantages qu'il en tire. Par conséquent, le patron devra payer parce que nombre d'accidents proviennent d'une direction défectueuse, d'un mauvais outillage, ou d'autres causes dont le patron est nécessairement responsable ; tandis que pour d'autres accidents la faute peut en être imputée aux ouvriers. Dans quelles proportions faudrait-il répartir la charge entre les deux

(1) Les victimes volontaires sont ceux qui ont produit intentionnellement l'accident

(2) Il n'intervient plus entre patrons et ouviers, mais il apprécierait le montant de l'indemnité due à toute autre personne victime d'un accident.

parties ? On a été d'avis que, l'ouvrier obtenant une indemnité à peine une fois sur cinq ou six accidents, si on ne lui fait supporter que la moitié de la prime, on le favorise suffisamment. Voilà ce qu'on aurait trouvé équitable. A cela on a répondu que le salaire de beaucoup d'ouvriers ne supporterait pas de réduction, les versements causeraient de réelles souffrances. D'un autre côté, si l'on voulait rejeter toute la charge sur les épaules des patrons, on s'exposerait à mettre l'industrie allemande dans l'impossibilité de soutenir la concurrence étrangère. Le gouvernement proposa donc de mettre 2/3 de la dépense à la charge des patrons et 1/3 à celle de l'Etat (1).

Dès ce moment, on formula de certains côtés la théorie du *risque professionnel*. Les partisans de cette théorie sont d'avis que l'entrepreneur devrait faire la totalité de la dépense. Les accidents doivent entrer dans les frais généraux, disent-ils, l'entreprise doit supporter toutes les charges de la production, puisqu'elle en récolte tous les fruits. Cette théorie ne fut pas acceptée par le gouvernement allemand lors de la rédaction du premier projet de loi (1881), il ne la trouvait conforme ni à l'équité, ni au sentiment du juste admis par l'opinion publique (*dem allgemeinen Rechtsbewusstsein*).

Elle ne fut pas acceptée non plus par le gouvernement dans le second projet de loi (1883), et si elle semble figurer dans le troisième (1884) ce n'est pas sans des réserves expresses.

Ces réserves portaient principalement sur la crainte de voir l'industrie allemande succomber sous le fardeau. On ne peut que louer un gouvernement de s'inspirer d'une pareille sollicitude. Ajoutons d'ailleurs que, d'accord avec la science, c'est-à-dire les faits bien observés, il reconnaît ainsi expressément que le fabricant ne peut pas, à volonté, isser la

____

(1) L'État verserait ce tiers à titre de bienfaisance. — Il ne s'agit que d'une proposition.

charge au consommateur, qu'il ne peut pas toujours dire :
les salaires s'élèvent, haussons le prix de la marchandise. Il
sait que le consommateur ne voudrait, ou ne pourrait pas le
suivre. Et pourtant, bien des exigences populaires, bien des
propositions d'une fausse science, bien des lois votées par les
parlements reposent sur la croyance que le producteur peut
fixer les prix à volonté !

Pour ne pas trop allonger cet exposé, je dirai que, si
finalement la loi fait supporter toute la charge par les patrons,
c'est que plusieurs d'entre eux ont déclaré que l'industrie
peut la supporter, et qu'elle ne demande pas mieux que de la
prendre à son compte. Je renvoie, pour les détails, au
chapitre spécial.

Un troisième problème à résoudre concernait l'étendue à
donner à l'obligation, c'est-à-dire : qui doit être assuré ?
Le premier projet n'imposait l'obligation qu'aux employés et
ouvriers des mines, salines, carrières, chantiers, fabriques,
usines et manufactures, ne gagnant pas plus de 2.000 marks
(2.500 fr.) par an. Plus tard la loi reçut une grande extension,
elle s'applique maintenant à presque tous les ouvriers, aux
domestiques et à beaucoup d'employés.

Mentionnons encore, et pour mémoire seulement, le problème du mode d'exécution. Ce problème a, dans nombre
de cas, une importance majeure. A qui en doutera, je rappellerai que bien des mesures, adoptées « en principe » sont
restées lettres mortes, parce qu'on n'a pas su les réaliser.
D'ailleurs, dans l'espèce, le mode d'exécution proposé d'abord,
la création d'un office central d'assurance à Berlin, a été
une des causes du rejet du premier projet de loi. J'expo-
serai, dans un chapitre spécial, le système qui a prévalu.

8

Pour compléter l'ensemble des mesures destinées à améliorer le sort des ouvriers, le Parlement allemand adopta une

proposition du gouvernement qui devint la loi du 22 juin 1889, et qui assure, sous certaines conditions, une modique pension aux travailleurs manuels des deux sexes âgés de soixante-dix ans, et une pension un peu plus élevée à ceux qui sont devenus infirmes autrement que par suite d'un accident. Comme j'aurai à consacrer un chapitre spécial à cette institution, je ne crois pas devoir entrer ici dans des détails sommaires ; je rappellerai seulement que les pensions de vieillesse ont de tout temps été un *desideratum* pour la classe ouvrière, et quand cela a paru possible, les Sociétés de secours mutuels de tous les pays ont cherché à donner une retraite, si minime qu'elle fût, à leurs membres.

Le Gouvernement allemand, animé de bonnes intentions en faveur des ouvriers, devait naturellement s'appliquer à réaliser cette institution si désirée ; il avait d'ailleurs une seconde raison pour le faire, c'est que l'assistance est obligatoire en Allemagne, et que cette obligation pèse lourdement sur les finances de bien des communes. La caisse de retraite créée en 1889, on l'espère du moins, allégera sensiblement les communes, tout en relevant le caractère du bienfait. Au lieu d'être des pauvres recevant des secours, — c'est-à-dire l'aumône qui fait perdre les droits politiques, — les vieillards et les infirmes seront des rentiers que rien n'empêchera plus d'approcher des urnes.

Le Gouvernement allemand avait bien encore une autre intention en créant les pensions de vieillesse, le désir et peut-être l'espoir de se concilier les populations travaillées par les socialistes et en partie gagnées à leurs doctrines ; mais il doit savoir maintenant qu'il a affaire à des ingrats. Le montant de la pension est maigre, il est vrai, et le titulaire n'a pas de quoi être bien fier ; mais la vraie cause de l'insuccès est que les socialistes demandent le tout, et comme un droit, tandis qu'on ne leur en offre qu'une très petite parcelle à titre de don gracieux. Et cela ne peut être qu'un don gracieux, Le gouvernement allemand, dans ses exposés des motifs, parle bien des devoirs de l'État envers les citoyens qui souffrent, mais dans la pratique, il entend lui-même régler ce devoir. Il en est de même des particuliers. Chacun de nous, tout en considérant la charité comme un devoir, se croit libre de fixer le montant de ses dons, et il n'admettra pas que le pauvre puisse lui imposer ses exigences.

Il faut bien le dire, sur ce point on a montré de la faiblesse. On a d'ailleurs trop insisté sur le désir de se concilier les socialistes. Ces derniers, qui se croient plus forts qu'ils ne le sont, ont vu dans cette insistance une manifestation de la peur et redoublent d'efforts pour conquérir le pouvoir. Qu'on leur fasse tout le bien qu'on pourra, mais qu'on ne cesse de réfuter leurs doctrines subversives. On ne doit jamais transiger avec l'erreur, ni avec les passions destructives, et pour faire l'éducation des peuples, comme celle des enfants, la fermeté raisonnée est plus souvent à sa place qu'une puérile condescendance.

Chapitre II. — L'Assurance contre la maladie.

9

Si les caisses d'assurance allemandes contre la maladie sont régies actuellement par les lois des 15 juin 1883 et 10 avril 1892, tout le monde sait que l'origine de cette institution remonte très haut en arrière ; elle dure depuis des siècles et se retrouve dans tous les pays civilisés. Quand un certain nombre d'hommes réunis ont à lutter contre les mêmes maux ou les mêmes obstacles, ils s'associent et, en combinant leurs efforts, ils s'assurent la victoire. Certains auteurs croient que la caisse de maladie, ou, comme on dit en Autriche, le tiroir fraternel (*Bruderlade*), a été la première forme, le premier essai d'assurance mutuelle, mais ce point peut être contesté, ou, comme on dit aujourd'hui, il n'est pas documenté. C'est que ces créations spontanées ne font pas parler d'elles. Si le charretier embourbé de la fable avait eu la précaution d'emporter une pelle, il n'aurait pas eu besoin de s'adresser à Jupiter, en proclamant ainsi son imprévoyance devant l'univers entier. Le *selfhelp*, s'aider soi-même — seul ou en société, selon le cas — c'est la première idée qui vient à tout homme d'une volonté, d'une énergie normale, et le plus souvent elle suffit pour faire atteindre le but,

Pas toujours, sans doute. C'est alors que le Gouvernement peut ou doit intervenir. Je n'ai pas dit l'*État*, quoique le mot fût plus court et plus usuel, parce que l'État est une entité, une abstraction, et que toute action en son nom est exercée par le Gouvernement. Et comment agit le Gouvernement? Généralement il prescrit, il ordonne. Dans le cas qui nous occupe en ce moment, le gouvernement allemand a institué deux sortes d'obligations : obligation pour les ouvriers de s'assurer, obligation pour les patrons de contribuer aux recettes, sans tirer profit des dépenses.

On pourrait soutenir que l'obligation n'était pas nécessaire. En France, le législateur de 1852 remplaça l'obligation des ouvriers par des faveurs ou des encouragements qu'il accordait à ceux d'entre eux qui entreraient dans une de ces Sociétés, et l'obligation des patrons, par l'institution des membres honoraires. Les résultats obtenus par la législation française n'étaient pas à dédaigner : en 1852 les Sociétés de secours mutuels comptaient 270,000 membres participants ; dix-sept ans après, en 1869, 794.000, presque trois fois autant. Le nombre des membres honoraires avait augmenté plus rapidement encore dans la même période, de 21.635 il était passé à 119.160, il avait donc presque quintuplé. Depuis lors l'accroissement du nombre n'a pas cessé; en 1890 on a compté 1.256.900 membres participants et 204.300 membres honoraires. Il est permis, cependant, de ne pas encore trouver ces chiffres satisfaisants, on peut se dire qu'un trop grand nombre d'ouvriers restent encore étrangers à cette bienfaisante institution, et que, s'ils ne veulent pas y entrer bénévolement, il faut les y contraindre. C'est ce qu'on fait depuis longtemps en Allemagne, c'est ce que vient de faire le législateur français par la loi du 29 juin 1894, mais pour les ouvriers mineurs seulement. Chez nos voisins aussi l'obligation a été, en premier lieu, appliquée aux ouvriers des mines, sans doute à cause des dangers spéciaux auxquels ces ouvriers sont exposés.

10

Il faut le reconnaître, il y a des cas où la coercition semble nécessaire, et la prévision des maladies est un de ces cas, partout où les malades tomberaient à la charge de leurs con·citoyens. Seulement, il est le plus souvent très difficile de régler une obligation et de la rendre pratique, sans contrarier les obligations voisines, sans produire des inconvénients de différente nature. Aussi l'Allemagne a dû légiférer assez souvent sur la matière sans jamais satisfaire ni l'administration ni les administrés. C'est la législation établie par les lois de 1883 et 1892 (1), que je dois exposer, en y ajoutant, lorsque cela paraîtra utile, un court commentaire.

En analysant la législation, nous avons à établir tout d'abord qui est soumis à l'assurance obligatoire contre la maladie. La première condition pour être assujetti à cette obligation est de travailler pour un salaire ou un traitement. La deuxième est d'appartenir à une des professions énumérées à l'article ou § 1er de la loi, savoir : ouvriers ou employés des mines, salines, carrières, fabriques, usines, chemins de fer, entreprises de navigation, chantiers; employés du commerce, de l'industrie, grande et petite ; clercs d'avoués, de notaires,

(1) La loi de 1892 reproduit la loi de 1883 en l'amendant.

d'huissiers ; employés des assurances ouvrières et autres ;
ouvriers des établissements (même petits) qui emploient des
moteurs inanimés. Puis les employés ou ouvriers des postes,
des télégraphes et des établissements maritimes ou militaires
de l'Etat. Cette liste, quoiqu'elle soit plus étendue que les
précédentes, n'est pas absolument complète, comme nous le
verrons bientôt ; mais la condition de travailler par suite
d'un contrat de louage d'ouvrage est de rigueur ; le travail
exécuté comme membre de la famille n'assujettit pas à
l'assurance. La nationalité, le sexe, l'âge n'exercent ici
aucune influence.

Le § 2 autorise les communes, les arrondissements, les
provinces à assujettir à l'obligation les personnes suivantes :
celles qui sont habituellement engagées pour moins d'une
semaine à la fois ; les employés communaux qui ne jouissent
pas d'une retraite ; les membres de la famille d'un entrepreneur ou patron qui travaillent chez lui autrement qu'en vertu
d'un contrat ; les artisans et les ouvriers en chambre ; les
employés et apprentis de commerce qui ne seraient pas déjà
compris dans l'énumération du § 1er ; enfin les ouvriers de
l'agriculture et les agents ou ouvriers forestiers. Ces règlements communaux ont besoin d'être approuvés par l'autorité
supérieure pour être valables. Le § 2 a, que la loi de 1892 a
ajouté à la loi de 1883, permet au gouvernement d'étendre
l'obligation aux personnes travaillant pour l'Etat et qui ne
seraient pas déjà comprises dans les listes ci-dessus ; mais
le § 2 b excepte de l'obligation les employés, contre-
maîtres, etc , qui gagnent plus de 2.000 marks ou 2.500 francs
par an.

On voit déjà par les énumérations qui précèdent, que
l'obligation n'est pas universelle, qu'il y a des clauses et
conditions et même un peu d'arbitraire, c'est-à-dire d'appréciation subjective, toutes circonstances qui ne me semblent
pas permettre de qualifier, comme le font certains professeurs
allemands, de droit public l'obligation de s'assurer. J'ai de la

peine à comprendre aussi qu'on puisse passer d'un droit public à un autre par une simple modification dans le montant de son revenu. Les Pyrénées qui séparent les deux droits sont représentées ici par le chiffre de 2.500 francs. Si j'insiste sur le point en question, c'est qu'on a une tendance exagérée de nos jours à tirer des conséquences d'un *mot* comme s'il incarnait toujours une chose ou une idée.

Mentionnons maintenant deux cas qui permettent à un assujetti de se débarrasser de l'obligation (Loi de 1892). L'un de ces deux cas est, s'il est blessé, infirme ou âgé, de manière à ne plus pouvoir travailler avec suite. La dispense de payer la cotisation ne s'obtient qu'avec l'assentiment du bureau local de bienfaisance ; l'autre cas s'applique à des personnes sûres de recevoir autrement les secours nécessaires en cas de maladie (par exemple, de leurs parents).

Enfin, outre les personnes assujetties à l'assurance par la loi, il y a celles qui sont admises, sur leur demande, à se faire inscrire volontairement à une caisse d'assurance. Leurs revenus ne doivent pas dépasser 2.500 francs, et elles paient la totalité de la cotisation.

Comme premier résumé des effets de la législation sur l'assurance, je constaterai que sur une population des deux sexes, âgée de 14 à 45 ans, qui atteint 22.883.967, — et si nous ajoutons les individus âgés de 45 à 65 ans, nous avons un total de 30.617.356, — sur ces 30 millions et demi, il n'y en avait en 1893 que 7.630,000 d'assurés aux caisses de maladie. Et si l'on ne veut pas comparer ces 7 millions et demi aux 30 millions et demi de l'ensemble de la population, on peut bien comparer avec quelque étonnement ces 7.630.000 membres des caisses de maladie aux 18.050.000 de l'assurance contre les accidents (1).

(1) Il semble probable que les agriculteurs, qui entrent pour plus de 12 millions dans ce chiffre de 18 millions, sont généralement dispensés d'entrer dans les caisses de maladie.

11

Après le *personnel des participants*, ce qu'il importe le plus d'étudier, ce sont les *caisses de secours*, expression sous beaucoup de rapports plus exacte que celle de Société de secours. Il y en a pourtant, mais elles ne sont pas bien vues; d'aucuns soutiennent même que la loi de 1892 n'a remplacé celle de 1883 que pour nuire aux Sociétés de secours mutuels qui sont d'ailleurs désignées officiellement comme *caisses de secours libres (freie Hilfskassen)*. La comparaison de ces deux lois paraît justifier l'accusation; seulement je ne suis pas en situation d'apprécier s'il y a des reproches sérieux à faire aux caisses libres. Après avoir lu la brochure de M. Max Hirsch, député au Reichstag et dont je reproduis le titre en note (1), je suis disposé à croire que non, mais je m'abstiens de tout jugement pour entrer immédiatement en matière.

La législation ayant trouvé l'institution en pleine vigueur, n'a pas commencé par détruire ce qui existe, pour se mettre à la place, elle s'y est plutôt adaptée, en respectant la tradition. Seulement, comme tous ceux qui allaient être assujettis à l'assurance n'étaient pas en position de se faire inscrire à l'une des caisses existantes, la loi a imposé à la commune l'obligation d'assurer contre la maladie tous ceux qui ne l'étaient pas déjà d'une façon valable, c'est-à-dire par des caisses organisées selon les prescriptions légales.

Les différentes caisses reconnues par la législation, sont (outre la caisse communale) :

1º Les caisses locales ;

2º Les caisses de fabrique ;

(1) Die Krankenversicherungs-Novelle und die freien Hülfskassen. Mit Vorwort von Dr. Max Hirsch. Berlin, 1891, librairie Walther et Apolant.

3° Les caisses d'entreprises de construction ;
4° Les caisses de corporation professionnelle (*Innung*) ;
5° Les caisses des mineurs (*Knappschaft*) ;
6° Les caisses libres.

12

Je définirai tout à l'heure ces différentes caisses, je dois d'abord m'arrêter à « l'Assurance communale contre la maladie ». Le nombre de ces assurances a été, en 1892, de 8.253 sur un ensemble de 21.588 caisses, avec un personnel de 1.179.845 assurés sur un total de 6.955.049. Tous ces chiffres se sont accrus d'année en année, ce qui indique peut-être que l'utilité des caisses de secours est de plus en plus reconnue par des personnes que les lois laissent libres de se faire assurer, sans leur en faire une obligation. Toute commune (§ 4), si elle n'est pas trop petite ou trop pauvre — (si elle renferme moins de 50 assujettis, elle peut s'associer à une ou plusieurs autres communes)— doit se constituer en assurance, ce qui consiste à établir une comptabilité spéciale pour les recettes et les dépenses de ce service. Elle rédige un statut ou règlement, et il lui est permis d'être généreuse, mais pas trop. Elle peut admettre à l'assurance les domestiques et toute personne non assujettie qui ne gagne pas 2.000 marks et n'est pas malade au moment où elle réclame son inscription. Comme dans tous les cas où une obligation est imposée à une foule diversement composée, le législateur prévoit des *si* et des *mais* et prétend tenir compte de toutes les circonstances particulières ; mais nous ne pouvons pa le suivre dans tous ces détails. Il nous incombe seulement de faire connaitre ce qui est relatif, d'une part aux secours, de l'autre aux cotisations.

Les secours (§ 6) se composent des soins médicaux, des médicaments, comprenant les lunettes, bandages et objets analogues. Si la maladie comporte l'incapacité du travail, le malade a droit — à partir du troisième jour — et pour chaque jour ouvrable, à la moitié du salaire moyen local d'un journalier ordinaire. Le taux de la journée est fixé par l'autorité supérieure (§ 8). Cette indemnité — la moitié d'un salaire très bas et pour six jours seulement par semaine, — est bien le minimum de ce qui peut être offert, et l'on comprend que beaucoup d'assujettis aiment mieux s'affilier à d'autres caisses, s'ils le peuvent. Ajoutons que les communes sont libres de faire traiter leurs malades dans un hôpital, mais en pareil cas les indemnités sont versées aux membres des familles que ces malades peuvent avoir à leur charge. Le malade doit être porté en tout cas à l'hôpital, si la maladie est contagieuse, si elle a besoin d'être observée de près, ou si le malade ne se soumet pas aux prescriptions du médecin.

La cotisation des assujettis est basée sur le salaire moyen qui est fixé séparément pour les deux sexes et spécialement pour les individus âgés de plus ou de moins de 16 ans. Le montant normal des cotisations ne doit pas dépasser 1 1/2 % du salaire ; si ce taux ne suffit pas, il peut-être porté à 2 % au maximum pour les communes. D'autres caisses vont au delà. Le taux officiel du salaire moyen du journalier, fixé par le préfet, le maire entendu, a de l'importance, non seulement pour l'assurance contre la maladie, mais encore pour l'assurance contre les accidents, et même pour l'assurance en cas de vieillesse ou d'infirmité.

Une autre disposition de la loi pour les caisses de maladie, qui intéresse l'assurance sur les accidents, c'est que les caisses communales ne doivent des secours que pendant treize semaines. Si la maladie dure plus de treize semaines et que le malade soit incapable de travailler, c'est à l'assistance à intervenir. La plupart des autres caisses peuvent prolonger les secours pendant un an au maximum. On aura remarqué que la loi distingue entre la maladie et l'incapacité de travail, ces deux circonstances ne sont pas toujours réunies. La maladie donne simplement droit à un secours momentané,

Par exemple, une hernie survient, c'est une maladie qui ne rend pas habituellement incapable de travailler. Le malade consulte, on lui prescrit un bandage. La caisse paie ce remède et l'homme se remet au travail ; il ne reçoit une indemnité que s'il est incapable de travailler. On demandera peut-être pourquoi treize semaines ? Je n'ai pas trouvé d'explications sur ce point, mais je suppose que ce laps de temps correspond au produit des cotisations s'élevant à 1 1/2 ou 2 % des salaires. La commune, il importe de signaler ce point, n'ajoute rien de ses fonds (1) — elle ne remplace pas le patron dont les devoirs seront exposés plus loin, elle se borne à gérer gratuitement le produit des cotisations ; si, à un moment donné, il ne suffit pas, la commune fait une avance de ses deniers — car les secours doivent être payés en tout cas à la fin de la semaine — et elle se rembourse sur le fonds de réserve de la caisse de maladie. La formation d'une réserve est prescrite par la loi, qui permet d'ailleurs de relever ou de réduire dans certaines limites les indemnités comme les cotisations, selon les besoins.

En résumé, la caisse communale d'assurance contre la maladie doit assurer tous ceux qui ne sont pas pourvus d'une autre façon ; mais malgré l'élasticité, bien modérée d'ailleurs, accordée à cette caisse, elle ne doit que le minimum des secours, lequel n'est pas proportionnel au salaire réel, mais à une moyenne locale très basse, puisqu'elle est fondée sur le gain d'un journalier.

13

Passons maintenant en revue les autres catégories de caisses d'assurance contre la maladie, les caisses qu'on peut,

---

(1) Selon M. Bornhak, p. 99, la commune couvrirait le déficit de ses deniers, mais cette assertion ne semble pas s'appuyer sur un texte.

comparativement à la caisse communale qui est universelle, qualifier de spéciales. Nous rencontrons d'abord (§ 16 à 58 de la loi) les caisses d'assurance dites locales.

Les caisses d'assurance locales sont, non pas les plus nombreuses, puisqu'il n'y en a que 4.243 en 1892 (sur un total de 21.588 caisses), mais les plus importantes par le chiffre du personnel, puisqu'elles comptent 2.998.378 participants — presque 3 millions — sur un ensemble de près de 7 millions (6.955.049). La grosseur de ce chiffre s'explique aisément par les dispositions que je vais résumer.

Le législateur semble considérer la caisse d'assurance communale comme un pis-aller, s'appliquant plus particulièrement aux communes peu peuplées. Les communes plus grandes doivent chercher à se débarrasser de l'obligation directe d'assurer en cas de maladie, en formant dans leur sein des caisses dites locales. S'il se trouve dans une commune une centaine d'individus d'une même profession, l'autorité communale doit les réunir en Société de secours mutuels. Si le nombre des habitants assujettis par la loi à se faire assurer le comporte, l'autorité municipale formera trois, quatre, dix caisses locales. Il y aura alors une Société mutuelle de cordonniers et une Société de tailleurs, une Société de serruriers, etc. Il y aura même des Sociétés mixtes, comprenant des professions connexes ou qui se rapprochent les unes des autres par quelque circonstance, car il faut au moins une centaine de membres pour supporter les charges de l'institution ; mais ces Sociétés mixtes ont besoin d'être autorisées ou approuvées par l'autorité supérieure, si une industrie y est comprise contrairement à la volonté des intéressés.

Ce sont ces « caisses locales » composées d'individus de la même profession qui semblent former l'institution normale pour le législateur. Il les traite avec une sorte de tendresse. Le § ou article 16 dit que la commune a le droit d'établir des caisses locales dans le cas précité, le § 17 lui, fait un devoir de fonder ces caisses, si les intéressés le demandent, lorsque l'autorité communale n'en a pas pris l'initiative. Le § 18 lui, ne crée ni un droit, ni un devoir, mais une option ; on *pourra* fonder une caisse même pour moins de cent participants, si l'on juge qu'elle sera suffisamment bien alimentée pour satisfaire à tous ses engagements. Une fois la caisse professionnelle locale fondée, tous les assujettis à l'assurance qui habitent la commune et qui exercent cette profession en sont membres de droit, dit le § 19, s'ils ne font pas partie d'une autre caisse et plus spécialement d'une des caisses libres dont il sera encore question. En revanche, les non-assujettis à l'assurance qui ne gagnent pas plus de 2.500 francs par an peuvent se faire inscrire volontairement à une de ces caisses professionnelles dites locales.

Je crois me rappeler, qu'en 1852, après le décret-loi qui réorganisa les Sociétés de secours mutuels en France, les autorités municipales furent chargées de créer des Sociétés, et il y eut un certain élan ; seulement, si l'on multiplia alors ces Sociétés, on s'efforça de les rendre locales ou plutôt municipales, c'est-à-dire, que le groupement par professions fut mal vu. Cette circonstance a peut-être contribué à ralentir les progrès de ces Sociétés.

14

Les obligations des caisses locales allemandes (§ 20) sont plus étendues que celles des caisses communales. En cas de maladie, ou plutôt d'une incapacité de travail causée par la maladie — la loi n'oublie jamais de faire cette distinction : — il est dû une indemnité proportionnelle au salaire des membres de la caisse. Ce salaire sera nécessairement plus élevé que celui des journaliers, mais on ne devra pas l'évaluer à plus de 3 marks (3 fr. 75) par jour, lorsque les cotisations sont fixées à un taux unique. Une indemnité sera due en outre, pendant au moins quatre semaines, à la femme accouchée qui aura fait partie de la Société depuis au moins six mois. Enfin, en cas de décès d'un membre, la caisse devra, pour l'enterrement, une somme égale à vingt fois le salaire moyen d'une journée. On voit que les caisses locales ont plus d'obligations que les caisses communales, leurs cotisations et leurs indemnités sont d'ailleurs supérieures. De plus, comme, dans beaucoup de professions, les salaires sont variés, les caisses locales peuvent établir différentes classes de cotisations avec des indemnités de maladie correspondantes.

Ce n'est pas tout. La loi confère aux caisses (professionnelles) locales toute une série de droits (§ 21), dont plusieurs sont très précieux :

1. Le secours en cas de maladie peut être prolongé au delà des treize semaines et jusqu'au maximum d'une année.

2. L'indemnité peut être payée à partir du premier jour de maladie (au lieu du troisième) et comprendre les dimanches et fêtes (au lieu des jours ouvrables seulement). Si le patron et les ouvriers sont d'accord pour accepter cette disposition, la semaine sera de sept jours au lieu de six.

3. L'indemnité en cas de maladie peut être portée aux trois quarts du salaire.

4. Les malades traités dans les hôpitaux, qui n'ont pas de membres de leur famille à leur charge, peuvent recevoir en outre une indemnité égale au huitième de leur salaire (argent de poche).

5. Les accouchées peuvent percevoir leur indemnité pendant six semaines.

6. Les membres non assujettis de la famille du participant peuvent obtenir les soins du médecin, des médicaments et dans certains cas des indemnités.

7. L'indemnité en cas de décès peut dépasser vingt fois le montant du salaire. On peut convenir qu'il y aura aussi une indemnité d'enterrement lors de la mort de la femme ou de

l'enfant non assujettis d'un participant. Il est presque superflu d'ajouter que des pensions ne peuvent pas être accordées
par cette caisse, puisqu'il y a une assurance spéciale pour
les vieillards.

Chaque caisse locale doit avoir des statuts approuvés par
l'administration supérieure. Elle devient ainsi une personne
civile qui peut ester en justice. Elle nomme son bureau à
l'élection et le § 26 *a* (une disposition additionnelle de la dernière loi) l'autorise même à permettre que ses membres
soient assurés à plusieurs caisses ; mais dans ce cas les indemnités réunies et par journée de maladie ne doivent jamais dépasser le montant du salaire moyen. Les statuts
peuvent punir d'une amende de 20 marks ceux qui ne suivent
pas les prescriptions du médecin ; ils peuvent refuser l'indemnité à celui qui est lui-même la cause de son mal, soit
qu'il l'ait causé volontairement, soit qu'il ait été blessé dans
une rixe, etc. Les statuts peuvent aussi fixer le salaire
à 4 marks (ou 5 fr.) et je passe d'autres dispositions moins
importantes. J'en ai dit assez, je pense, pour montrer que le
législateur désire combler de ses faveurs les caisses professionnelles locales d'assurance contre la maladie, et en assurer la prospérité.

15.

Il reste maintenant à résumer quelques dispositions importantes qui sont communes aux caisses d'assurance communales et aux caisses d'assurance locales dont il a été
longuement question dans les pages précédentes. Ces dispositions sont relatives aux patrons ou, comme on affecte de
dire maintenant, aux employeurs. Ce mot commence d'ailleurs à perdre toute acception défavorable et l'on peut s'en
servir dans le langage neutre, non passionné, comme des
deux expressions allemandes : donneur de travail, preneur

de travail. Se servir de ces mots c'est, croit-on, faire preuve d'impartialité.

Les employeurs, donc, ont plusieurs attributions et ce qui les en a fait charger, c'est qu'ils sont sédentaires et offrent de la surface ; ils sont d'ailleurs bien moins nombreux que les ouvriers ; les uns peuvent être aisément surveillés, les autres sont partout et nulle part. C'est donc à l'employeur qu'il incombe de faire inscrire son personnel. Chaque nouveau venu, parmi ceux que la loi assujettit à l'assurance, doit être inscrit dans les trois jours, bien entendu s'il ne l'est pas déjà (§ 49). L'employeur doit aussi faire rayer les ouvriers qui partent. L'inscription a lieu à la caisse locale, s'il y en a une, sinon à la caisse communale. On se rappelle que la caisse locale, autant que possible, est professionnelle. .

Voilà donc le premier devoir de l'employeur, il doit veiller à ce que son personnel jouisse de l'assurance en cas de maladie et ce devoir a une sanction : si l'ouvrier tombe malade, quelqu'un — au moins l'assistance publique — viendra à son secours, et l'employeur négligeant ou récalcitrant devra rembourser tous les frais. Le second devoir de l'employeur, est de subventionner la caisse. C'est un patronage obligatoire. Pour tout assujetti qu'il occupe, il doit une cotisation égale à la moitié de celle qui est imposée à l'employé ou à l'ouvrier. On peut s'exprimer aussi, sur ce point, comme le § 51 et dire : « Les cotisations à verser aux caisses d'assurance sont pour les deux tiers à la charge des assujettis et pour un tiers à celle de l'employeur. Les droits d'entrée sont acquittés par les assujettis seuls. » Généralement le patron doit opérer les versements pour son personnel et pour lui-même, en retenant sur les salaires la part des ouvriers (§ 53) ; mais il peut aussi être convenu que chacun ne paie que pour soi (§ 52 *a*). Les statuts peuvent encore prévoir un autre cas : c'est qu'un employeur qui n'a ni machine à vapeur, ni autre moteur inanimé, n'occupe que deux personnes (§ 52 n° 2); ces petits patrons peuvent être dispensés de contribuer de leurs deniers, leurs ouvriers doivent verser la cotisation tout entière (1).

Avant de parler des autres caisses d'assurance, signalons encore deux points : (§ 54 *a*) Les assujettis aussi bien que les personnes qui sont entrées volontairement dans l'assurance n'ont pas à payer de cotisation pendant qu'ils sont malades et reçoivent une indemnité ; ils restent néanmoins membres de la caisse d'assurance. (§ 57) Puis, la présente loi ne touche en rien aux obligations générales de l'assistance publique. Il faut, en tout cas, que le malade soit secouru ; s'il n'est pas assuré, la commune fera l'avance et demandera, s'il y a lieu, le remboursement à qui de droit, aux parents, au patron, à la commune d'origine.

16.

La troisième catégorie de caisses d'assurance contre la maladie est celle des fabriques. En 1892, on en comptait 6.316 avec un personnel de 1.742.838 participants. C'est la deuxième en importance, car les caisses de fabrique comptent environ 600.000 membres de plus que les caisses communales. (C'est encore du patronage obligatoire).

Les caisses de fabriques sont régies par les § 59 à 69, je ne relèverai que les points caractéristiques. Tout fabricant qui occupe au moins 50 ouvriers — même dans des locaux différents — peut fonder une caisse d'assurance contre la maladie et ses ouvriers doivent en faire partie. L'autorité supérieure peut même l'y obliger sur la demande de la commune, ou sur celle de la caisse d'assurance qui desservait jusqu'alors les ouvriers de cette fabrique. Si l'industrie qui y est exercée est dangereuse, le fabricant peut être tenu de fonder une

---

(1) La loi ne le dit pas expressément, mais cela va sans dire : il faut que ces ouvriers versent autant que les autres pour avoir les mêmes droits.

caisse spéciale, même s'il occupe moins de 50 ouvriers. Il convient de dire qu'un grand nombre de fabriques entretenaient des caisses pareilles bien avant que la loi les y encourageât, et au besoin les y obligeât. C'était l'esprit du patronage qui les inspirait. Il ne paraît pas intéressant d'entrer dans des détails d'organisation ; on devine que les caisses de fabriques sont surveillées par l'autorité, qu'elles doivent fournir au moins le minimum de ce que la loi prescrit pour les autres caisses, mais que les indemnités et autres secours peuvent aller au delà, le fabricant versant son tiers au moins, et s'il veut, davantage. Les ouvriers prennent toujours part à l'administration de la caisse.

Les caisses d'assurance des entreprises de construction sont des institutions temporaires. En commençant la construction d'un chemin de fer, d'un canal, etc., l'entrepreneur doit, si son personnel est nombreux, fonder une caisse spéciale qui durera autant que le travail. Il est inutile d'ajouter qu'il doit les mêmes versements que tout autre employeur, et l'autorité peut exiger qu'il présente des sûretés. Tant que cette caisse n'est pas fondée, les ouvriers font partie d'une caisse locale ou communale et l'entrepreneur y verse les cotisations de son personnel et la sienne conformément aux prescriptions de la loi. En 1892, il y avait 123 caisses de construction avec un personnel de 29.743 participants.

Il n'y a pas lieu non plus de s'arrêter sur les caisses d'assurance des corporations professionnelles (*Innungen*). Les dispositions essentielles qui leur sont applicables sont les mêmes que pour les précédentes, et ces corporations ou *Innungen*, ne représentent qu'un cadavre qu'on a galvanisé dans l'intention de le ressusciter. On n'a pas réussi ; en 1892 on ne compte que 471 caisses avec un personnel de 76.411 participants, les ouvriers des employeurs membres d'une corporation sont membres de droit de la caisse fondée par cette corporation.

Il suffit d'une simple mention pour les caisses d'assurance

des ouvriers mineurs, les *Knappschaftskassen*. Ce sont des caisses spéciales, régies par la législation sur les mines, variant un peu d'un état à l'autre, mais soumises à des dispositions très analogues aux caisses de fabriques. Cette catégorie de caisses comprend un personnel de 480.400 participants (1).

17

Les lois de 1883 et de 1892 semblent appliquer aux caisses d'assurance contre la maladie ce mot de l'évangile : « les premiers seront les derniers ». C'est en effet en dernier, dans les § 75 et suivants, qu'il est traité des caisses de secours libres. Ces caisses existaient avant la loi qui réorganisa cette institution et elles ont dû être réglementées pour s'y adapter, c'était de rigueur. Le législateur avait le devoir de veiller à ce que les caisses libres assurassent à leurs membres le minimum d'avantages destinés aux assujettis à l'assurance. Entre ces caisses libres et les autres il y a d'ailleurs une différence fondamentale : personne n'est obligé de se faire inscrire à une caisse libre ; les individus tenus de s'assurer contre la maladie sont membres de droit d'une caisse obligatoire ; seulement, l'inscription dans une caisse libre dispense d'entrer dans une caisse privilégiée. Toutes les caisses sont obligatoires — ou peuvent l'être dans les cas prévus par la loi — sauf les caisses libres. En fait, cette dernière catégorie de caisse n'est que tolérée par respect pour la tradition et peut-être par des considérations politiques. Le nombre des caisses libres ou des Sociétés de secours mutuels est (1892)

(1) L'Annuaire du bureau impérial de statistique ne donne pas le nombre des caisses de mineurs, mais seulement et en note, le nombre des membres, 480,400 qui ne sont pas compris dans le total de 6,955.049 On n'explique pas la raison de cette exclusion.

de 2.182 avec 927.834 membres (1). La surveillance est d'ailleurs justifiée par une raison économique ou administrative, c'est que l'assurance contre les maladies a des rapports très étroits avec l'assurance contre les accidents, dont il sera question dans un autre chapitre.

Les caisses libres n'ont pas droit aux subventions des employeurs, ce qui ne veut pas dire qu'aucun patron n'y contribue ; mais les ouvriers doivent verser la totalité de la cotisation nécessaire pour pouvoir tenir tous les engagements des statuts. Ils peuvent promettre plus que le minimum ; ils peuvent graduer les cotisations selon l'âge, ils peuvent combiner des indemnités de taux différents, etc., mais les statuts ne sont valables qu'après avoir été approuvés par l'autorité supérieure, qui tient à certains points avec rigueur et sur d'autres laisse toute latitude à ces Associations. En somme il semble bien que les caisses d'assurance libres ne sont pas bien vues par le gouvernement, et la politique y est pour beaucoup, sans doute. Les caisses libres sont peut-être composées de membres trop libres, ou peu faciles à gouverner. Je n'affirme rien, je cherche seulement à m'expliquer le fait. Peut-être aussi ces caisses ne présentent-elles pas assez de garanties relativement à la tâche que leur impose la loi sur l'assurance contre les accidents. Sur tous ces points leur avocat, M. Max Hirsch, les a très bien défendues et je me borne à renvoyer à sa brochure précitée.

En résumé, l'assurance contre les maladies prend des formes variées, mais l'on distingue surtout les caisses libres, où les ouvriers paient tout, des caisses obligatoires, professionnelles ou non, dans lesquelles les patrons versent le tiers de la cotisation. La cotisation est proportionnelle au salaire et s'élève, selon le cas, à 1 1/2 % au moins et 3 % au

(1) On distingue les Sociétés enregistrées (lois de l'empire) au nombre de 1,739 avec 796,340, des Sociétés soumises aux lois spéciales des États 443 avec 131,494 membres.

plus. L'indemnité est en général égale à la moitié du salaire, soins médicaux et médicaments non compris. Une publication socialiste, émanée des chefs du parti, présente de la façon suivante la charge supportée, d'une part par les ouvriers et de l'autre par les patrons (1).

Catégories de caisses contre les maladies.	Montant total des cotisations en millions de marks.	Dont à la charge des ouvriers.	
		En tant p. 100.	Millions de marks.
Caisses communales.	10.1	50	5.1
— locales	45.0	66 2/3	30.0
— de fabrique.	38.3	66 2/3	25.5
— de construction . . .	0.8	66 2/3	0.5
— de corporation. . . .	1.1	66 2/3	0 7
— de secours inscrites (ou libres)	16.3	100	16.3
— d'État (libres). . . .	3.0	100	3.0
Total	114.6		81.1

A ajouter la perte des ouvriers consistant en 39.2 millions de journées de maladie, pendant lesquelles l'indemnité a été de 2 marks par jour de moins que le salaire gagné. ci **39 2**

Perte totale des ouvriers **120.3**

Les entrepreneurs n'ont payé dans cette année que 33.5 millions de marks, soit 22 p 100 des dépenses totales (120 3 + 33.5) millions

Faisons d'abord remarquer que le document officiel parle de 124 millions, tandis que le tableau socialiste met 114 millions. Il ajoute ensuite les journées de maladie, et les comprend parmi les pertes des ouvriers, c'est-à-dire qu'il additionne des journées et des marks. L'examen attentif du tableau permettra à chacun de voir que les socialistes font des comptes fantaisistes (2).

(1) Die Thätigkeit des Deutschen Reichstags von 1890 à 1893, p. 87.
(2) Il évalue la perte à 2 marks et n'en compte qu'un.

Pour terminer, résumons, d'après un document authentique, les chiffres de l'année 1893. Les 21.700 caisses comptaient 7.630.000 participants. Il y eut 2.768.000 cas de maladie qui ont duré ensemble 46 millions de journées. Les recettes se sont élevées à 135 millions de marks, les dépenses à 127 millions, le capital de réserve à 105 millions.

La cotisation moyenne annuelle par patron a été de 3 marks 69 pour chaque ouvrier, celle de l'ouvrier de 10 marks 09. Les frais de maladie par assuré se sont élevés à 11 marks 77, les frais de gestion à 0 mark 81. Par cas de maladie on a compté 15,7 journées et 32 marks 11 de frais. Sur 100 assurés il y eut 37,1 cas de maladie chez les hommes, 31,8 chez les femmes, dans l'ensemble 36,3 Sur 100 marks de frais, 47 marks 91 ont été donnés en secours, 19 marks 97 aux médecins, 16 marks 04 pour des médicaments, 10 marks 19 ont été versés aux hôpitaux, 4 marks 28 ont été dépensés pour frais funéraires et 1 mark 31 ont été attribués aux femmes en couches. (*Guide* rédigé par M. le le conseiller Zacher à l'Office impérial des Assurances).

On vient de voir que, pour l'assurance contre les maladies, les ouvriers supportent la plus grosse partie de la charge. D'abord, parce que c'est une charge traditionnelle, et ensuite, parce que son utilité immédiate est évidente. Ce sont les charges nouvelles qu'on a surtout imposées aux patrons. La nature et l'étendue de ces nouvelles charges seront exposées dans les chapitres suivants, et les développements dans lesquels nous aurons à entrer montreront que les caisses de maladie ne sont pas sans alléger le fardeau des autres obligations.

Chapitre III. — L'Assurance contre les accidents.

Section Ire. — *Les principes généraux*

18

La législation allemande sur l'assurance contre les accidents n'est pas sortie toute armée de la tête des initiateurs de cette œuvre. Le gouvernement était depuis longtemps d'avis qu'il fallait faire quelque chose pour les « invalides du travail »; la religion, l'humanité, la politique l'y portaient, mais on ne savait pas comment réaliser le desideratum. On avait d'abord cru qu'il suffirait de renforcer la responsabilité du patron et de le charger de prouver son innocence, mais nous avons montré, dans un chapitre précédent, que ce moyen n'a pas fait éviter les procès, ni même assuré dans tous les cas une indemnité aux ouvriers. Il fallait trouver autre chose. Cela n'a pas été facile. On a d'abord tâtonné, on a rédigé une série de lois, on a offert ainsi une série de solutions partielles, et le but est encore loin d'être atteint. On avait prévu ce résultat, mais on espérait qu'à force de forger on deviendrait forgeron. Et, en effet, à mesure qu'on marchait, l'horizon s'élargissaait, et il n'est pas impossible qu'on s'approche de plus en plus du but qu'on a toujours sous les yeux.

Ce but est que toutes les victimes d'accidents qui en ont besoin soient indemnisées, sans perte de temps, et sans qu'elles aient d'efforts à faire. Le premier pas vers ce but consistait à établir l'assurance obligatoire au profit de tous ceux qui pourraient devenir victimes d'un accident de travail, sans posséder des ressources pour se tirer d'affaire. Ces individus ont été déclarés *assurés de droit*, ce sont les assujettis de l'assurance. La loi en fait l'énumération, car il faut bien indiquer clairement à qui l'obligation s'applique ; elle y est revenue plusieurs fois, sans avoir encore achevé sa tâche. C'est qu'il s'agit d'un problème assez compliqué, et l'on a bien fait d'avancer lentement, pas à pas.

La loi du 6 juillet 1884, la première en date, déclare assurés : les ouvriers et employés d'exploitation (contre-maitres, etc), des mines, salines, puits, carrières, chantiers maritimes ou de construction (le travail dans le bâtiment et le ramonage compris) ; ceux des fabriques et des usines, ceux des ateliers où l'on emploie des matières explosibles ou des machines mises en mouvement par des forces élémen-taïres (vent, eau, vapeur, gaz, air chaud), enfin ceux des établissements occupant au moins dix personnes. Les exploitations qui ne présentent aucun danger peuvent être dispensées de l'assurance. On voit que la première loi ne s'applique qu'aux grands établissements et aux industries les plus dangereuses.

Les ouvriers, quel que soit le montant de leur salaire, sont assujettis à l'assurance, mais les employés d'exploitation (contre-maitres, etc), ne le sont que si leur traitement ne dépasse pas 2,000 marks (2,500 fr). Ces employés sont également assurés de droit. Quant à ceux dont le traite-ment dépas. j 2,000 marks, la corporation peut leur accorder, dans les statuts, le droit à l'assurance, soit pour la totalité de leur traitement, soit jusqu'à une somme déterminée, 3,000 marks, 4,000 marks, etc. Ces employés à plus de 2,000 marks, s'ils ne sont pas désignés dans les statuts, ne sont pas assurés du tout ; on les suppose assez riches pour s'assurer directement, si cela leur convient, auprès des compagnies d'assurances privées. Dans certains cas à prévoir dans les statuts, les entrepreneurs ou exploi-tants eux-mêmes peuvent être admis à l'assurance.

Passons aux lois complémentaires. Celle du 28 mai 1885 est expressément désignée comme « loi d'extension » ; elle étend l'obligation de l'assurance aux employés et ouvriers des postes, télégraphes, chemins de fer ; aux exploitations en régie et aux constructions de la marine et de l'armée ; aux dragages, à la navigation fluviale, aux bacs, aux transports par terre, et à tous les employés et ouvriers qui préparent et exécutent les expéditions (chargeurs, charretiers, etc).

Mentionnons ici la loi du 15 mars 1886 qui est spéciale aux fonctionnaires et aux militaires ; elle améliore certaines pensions de retraite pour les mettre au niveau des rentes (1) accordées aux ouvriers.

Puis vint la loi du 5 mai 1886 qui règle l'assurance applicable aux ouvriers agricoles et forestiers ; celle du 11 juillet 1887 concernant les entreprises de construction (routes, canaux, etc.), et celle du 13 juillet 1887, relative à la navigation maritime.

Ainsi, après s'être décidé à introduire l'obligation, on a déjà dû promulguer six lois — dont la première compte pour trois, puisque le troisième projet seulement a été adopté — pour déterminer qui doit être assuré. Ces six lois avaient assujetti 10,343,678 personnes jusqu'en 1888, et sans nouvelle loi, ce chiffre s'est incessamment accru de manière à atteindre le nombre de 18,015,286 en 1891. En 1892, nous retrouvons à peu près le même chiffre, 18,014,286 ; en 1893, on a atteint, en nombre rond, 18,050.000 assurés. Les lois établies ayant fait leur effet, puisqu'elles étendent l'assurance sur plus de 18 millions de travailleurs des deux sexes, on pense que le moment est venu d'essayer un pas de plus. Des projets de loi ont paru dans le *Journal officiel* allemand des 21 et 23 juin 1894, et ces projets étendent sensiblement l'obligation. Ils assujettissent à l'assurance les ouvriers de la petite industrie, y compris les aides-pêcheurs ; puis les employés ayant un revenu de moins de 2,000 marks et qui pourraient

____

(1) Les Allemands emploient le mot rente comme synonyme de pension.

avoir été omis dans les lois antérieures, y compris les aides-pharmaciens, les infirmiers, les garçons d'hôtel, etc.; enfin les petits patrons. Ces derniers, cependant, ne sont et ne seront pas — en principe — *obligés* de s'assurer, ils jouissent de la faculté de le faire, si leurs revenus ne dépassent pas 2,000 marks, et ils conserveront cette faculté, mais le projet attribue au Conseil fédéral le droit de les assujettir à l'assurance, s'il le juge à propos.

On pourra demander si tout le monde est maintenant soumis à l'assurance? Le § 3 du projet renferme une réponse négative, car il permet d'exempter les petites industries, comme celle de tailleur, ou certaine profession, comme celle d'employé de bureau, qui ne comportent aucun danger particulier. Il n'est pas impossible, toutefois, que ces additions feront monter le nombre des assujettis à bien plus de 20 millions, chiffre auquel les évaluations officielles se sont arrêtées.

Les projets de 1894 introduisent en outre une innovation très importante; jusqu'à présent, n'étaient assurés que les accidents causés par l'industrie, et souvent il était très difficile de décider, si, dans l'espèce, il y avait, ou non, lieu à indemnité. En peu d'années, il s'est formé sur ce point une casuistique très développée et très curieuse. Il est des cas où l'on trouva que l'ouvrier qui subit un accident en allant à son atelier a droit à une rente (pension), tandis que le même ouvrier, sortant de l'atelier pour rentrer chez lui, n'a, pour le même accident, aucun droit à indemnité. Souvent les intéressés ne pouvaient comprendre ces subtilités, ou des distinctions comme celle-ci : La patronne demande à un ouvrier de lui donner un coup de main à la cuisine. L'ouvrier quitte momentanément son outil pour aider à soulever un fardeau. A cette occasion, un accident survient, mais comme il n'est pas la conséquence du travail professionnel, l'ouvrier n'a aucun droit, il a été simplement victime d'un malheureux hasard. Les projets de 1894 comprennent expressément les accidents qui auront lieu lors de services rendus à l'employeur ou aux siens, même en dehors du travail professionnel, parmi ceux qui donnent droit à indemnité. En résumé, ni actuellement, ni après l'adoption des nouveaux projets de loi, tout le monde sera assujetti à l'obligation de l'assurance, *mais seulement ceux que la loi désigne comme courant un danger spécial, sans être en état d'en supporter les conséquences.*

19

Nous venons de répondre à la question : *Qui* est soumis à l'obligation de l'assurance ? Nous avons maintenant à rechercher : *Qui* doit assurer, qui doit en supporter les frais ?

On ne tardera pas à trouver que c'est en grande partie l'employeur. Certains petits patrons pourront s'assurer eux-mêmes, dans ce cas l'assureur et l'assuré se confondent ; enfin, comme une partie de la charge est supportée par les caisses de maladie, on peut dire que les ouvriers eux-mêmes contribuent à la dépense causée par les accidents. Au fond, pour tous les petits accidents, les frais sont supportés par les caisses de maladie.

La solution de la question des dépenses n'a pas été rencontrée sans peine, et celle qui a prévalu n'est pas celle que le gouvernement avait proposée tout d'abord, dans son projet de 1881. Dans ce premier projet, les employeurs étaient tenus d'assurer leur personnel auprès d'une institution créée par l'Empire, à l'exclusion des compagnies privées. Les ouvriers devaient payer une partie de la prime d'assurance, et l'État se chargeait d'une autre partie, en prévision de la diminution des frais d'assistance publique que cette assurance lui procurerait. Le Reichstag n'approuva ni la subvention offerte par le gouvernement impérial, ni l'assurance officielle. Le gouvernement retira ce premier projet et en présenta un second en 1882 où l'assurance officielle fut remplacée par des associations professionnelles, chargées d'assurer chacune les individus de sa profession, avec une subvention de 25 0/0 à la charge de l'Empire. Le troisième projet, celui de 1884, rejette toute la charge sur les associations professionnelles, et l'État se borne à donner, sa garantie. C'est ce troisième projet qui est devenu la loi du 6 juillet 1884, loi fondamentale de l'institution, qui est encore en vigueur. Toutefois, elle ne régit pas le domaine tout entier de l'assurance contre les accidents ; les lois postérieures, en étendant l'organisation à d'autres catégories de travailleurs, ont dû· modifier un peu la législation pour l'adapter à de nouvelles circonstances.

La loi fondamentale du 6 juillet 1884 n'avait en vue, on se le rappelle, que la grande industrie et surtout les industries dangereuses, celles qui emploient des machines, fussent-elles même exercées dans de petits ateliers. Cette loi a établi une organisation devenue typique : celle des associations professionnelles, *Berufsgenossenschaften* ; ce sont ces corporations spéciales qui pratiquent l'assurance sous le contrôle de l'administration publique, laquelle a son point culminant dans l'Office d'assurance de l'Empire, *Reichsversicherungsamt*, qui est en même temps corps administratif et corps judiciaire.

20

La création des corporations chargées de l'assurance est fondée sur le § 9 de la loi de 1884. Traduisons ce paragraphe :

« § 9. L'assurance a lieu sous le régime de la mutualité par les entrepreneurs des exploitations indiquées au § 1ᵉʳ et qui, à cet effet, sont réunies en associations professionnelles. Ces associations embrassent des circonscriptions déterminées, dans l'intérieur desquelles chacune d'elles comprend toutes les exploitations de la branche d'industrie pour laquelle elle a été créée.

» Est entrepreneur celui pour le compte duquel l'exploitation (l'établissement) (1), est géré.

« Les exploitations qui embrassent des parties essentielles d'industries différentes doivent être comprises dans l'association à laquelle appartient l'exploitation principale.

« Les associations professionnelles peuvent acquérir des droits sous leurs noms, prendre des engagements et ester en justice en demandant et en défendant.

« Les créanciers des associations professionnelles n'ont de droits que sur la fortune (collective) de ces associations. »

Ainsi donc, les chefs d'établissement des industries de même nature doivent se former en corportion pour s'assurer mutuellement contre les accidents qui peuvent avoir lieu dans leurs exploitations respectives. La corporation ou association professionnelle peut embrasser l'Allemagne tout entière ou seulement une partie de l'Allemagne, un État, une ou plusieurs provinces. Les grandes associations se subdivisent souvent en sections qui jouissent d'une certaine autonomie. Les pouvoirs accordés à la section sont fixés dans les statuts que chaque corporation doit se donner en assemblée générale. Ces statuts développent la législation générale et l'appliquent à l'industrie exercée par la corporation. Les lois ont laissé une certaine latitude aux corporations, qui en ont tiré profit au mieux de leur administration. Reconnues personnes civiles et s'administrant elles-mêmes, elles supportent plus virilement les charges qui leur incombent. Les statuts ont cependant besoin de l'approbation de l'Office d'assurance, qui veille à l'exécution fidèle de la loi.

Je donnerai plus loin quelques détails sur l'organisation des associations professionnelles, il suffit de dire qu'elles se

(1) *Betrieb* répond mieux à exploitation qu'à établissement. Betrieb est souvent l'équivalent de fabrique ou usine.

sont constituées assez facilement; elles sont au nombre de
64, le gouvernement n'ayant eu à intervenir que pour provoquer l'organisation de 6 d'entre elles. 26 associations s'étendent sur toute l'Allemagne, 38 sur des circonscriptions ou
régions plus petites. Mais ces 64 corporations, on ne doit pas
l'oublier, ne comprennent que la grande industrie ainsi que
les petites industries employant des moteurs animés par des
forces élémentaires (eau, vent, vapeur etc.) ou faisant usage
de matières explosibles.

Quant aux assurances créées par les lois complémentaires,
nous pouvons en parler sommairement.

La loi du 28 mai 1885 étend l'obligation de l'assurance aux
subordonnés des postes, du télégraphe, de l'administration
de la marine et de l'armée, aux chemins de fer des États, etc.
Ces services publics ne sont pas organisés en corporations
professionnelles, des fonctionnaires les remplacent et l'État
assure directement ses employés et ouvriers contre les accidents. Toutefois, pour les usines et autres exploitations,
qu'un État ou qu'une commune posséderait, il leur serait
loisible de se joindre à une association professionnelle au
même titre qu'un autre employeur.

La loi du 5 mai 1886 applique aux ouvriers agricoles et
forestiers le principe de l'assurance obligatoire. Aux 5 millions
d'assurés de l'industrie sont venus se joindre ainsi plus de
12 millions d'assurés de l'agriculture, mais si, pour ces derniers, il y a des associations professionnelles, elles sont combinées dans une autre forme et presque dans un autre esprit.
Le *selfgovernment* existe encore, mais il est moins visible.
Les cultivateurs ne sont pas, comme les fabriques et usines,
épars sur un vaste territoire; ils sont groupés ensemble, ils
forment à la campagne la masse de la population. On a donc
divisé l'Empire en 48 circonscriptions régionales, correspon-
dant aux divisions politiques et administratives; et les
employeurs agricoles de chaque circonscription ont été
formés, ou réunis, en association professionnelle d'assurance.

Il en résulte parfois que les élus politico-administratifs (conseil général, conseil d'arrondissement) siégent en même temps dans le comité directeur de l'assurance, ou plutôt constituent ce comité et dirigent les sections. Néamoins, c'est peut-être moins dans l'organisation des corporations que dans le mode de répartition des charges que réside la différence.

Les deux autres lois complémentaires datent de 1887, et sont relatives, l'une aux entreprises de construction, l'autre à la navigation maritime ; elles admettent le système de l'association professionnelle dans le sens de la loi fondamentale de 1884, tandis que le projet du 21 juin 1894, applicable surtout à la petite industrie, prévoit une organisation territoriale semblable à celle de l'agriculture, les établissements étant trop petits pour former des associations professionnelles.

Ainsi, l'assurance se fait en principe par les employeurs.

I. Pour la grande industrie, ils forment des associations professionnelles ;

II. Pour l'agriculture et la petite industrie, ils sont réunis en des associations territoriales ;

III. Pour les entreprises en régie, dirigées par l'État, les communes, ces employeurs exceptionnels administrent eux-même leur assurance.

21

La question qui se présente maintenant est celle-ci : Qu'assure-t-on ou plutôt quelle est l'étendue de l'assurance ? On aura déjà répondu qu'on assure contre les accidents qui causent une blessure ou la mort. Cependant il ne s'agit pas ici de réparer un dommage conformément au droit civil, avec la nécessité de constater la cause du mal, d'établir à qui il est imputable et de fixer une indemnité adéquate. La législation inaugurée en 1884 se borne à considérer l'acciden comme un résultat naturel de l'exploitation et de la fabrication ; la négligence, une maladresse, ne sont pas tenues pour plus coupables que le hasard ou la force majeure ; seule l'intention expresse de nuire — de causer un accident — est imputée à crime ; si c'est le fait de l'ouvrier, il n'a droit à aucune indemnité (1), si c'est le fait du patron, le juge correctionnel peut le condamner, en vertu de la loi de 1871, à payer une indemnité exceptionnelle à la victime.

En dehors de cette très rare condamnation, l'employeur doit à l'employé une indemnité dans tous les cas, mais une indemnité limitée par les lois et fixée par voie administra. tive, sans délais, ni frais, ni intervention du juge. On doit retenir qu'il s'agit dans cette législation de rapports entre employeurs et employés (ouvriers), mais si un individu étranger à l'exploitation était victime d'un accident, c'est au juge que cet individu (par exemple un voyageur dans un chemin de fer) devrait s'adresser, et c'est le droit commun qui serait appliqué. Je comparerai volontiers ici le droit commun au droit civil, et le droit spécial de l'ouvrier vis-à-vis de son patron au droit commercial ; ce dernier pratique moins rigoureusement le droit strict ou plutôt s'adapte avec plus de souplesse aux circonstances, fait une plus grande part à l'équité, et sait mieux apprécier la valeur du temps.

L'indemnité que le § 5 de la loi de 1884 attribue à l'ouvrier blessé consiste dans les soins médicaux, à partir de la quatorzième semaine après l'accident, et en une rente ou pension servie à partir du même moment, et pendant la durée de l'incapacité du travail. Pendant les treize premières semaines après l'accident, le blessé est à la charge de la caisse de maladie, et comme cette caisse est en partie entretenue par les ouvriers, j'ai pu dire que les ouvriers contribuent aux indemnités accordées par suite d'accident. Du reste, à partir de la cinquième semaine l'indemnité est des 2/3 du salaire ;

(1) Par conséquent, sa famille non plus, s'il a été tué. Loi de 1884, § 5.

seulement, la caisse ne doit toujours que la moitié, le patron du blessé doit lui rembourser la différence. Il doit le montant entier de l'indemnité, si le blessé n'est pas membre d'une caisse (§ 5).

Le montant de la rente est proportionnel au salaire moyen que la victime a reçu dans l'établissement où elle a travaillé pendant la dernière année écoulée. Si le salaire a dépassé 4 marks (5 fr.), on lui comptera 4 $M.$ + le 1/3 du montant qui dépasse ce chiffre normal. On comptera donc 5 marks à l'ouvrier ou à l'employé d'exploitation qui en gagne 7, et ainsi de suite. Si l'ouvrier n'a pas travaillé pendant une année entière dans l'établissement, on évaluera son gain d'après celui d'ouvriers analogues. Si ce gain moyen n'atteignait pas le montant du salaire moyen d'un journalier, fixé par l'autorité en conformité avec la loi du 15 juin 1883, § 8, sur les caisses de maladie, c'est ce dernier taux qui serait admis et servirait de base pour calculer le montant de la rente. Ce même taux sert aussi à établir la rente des ouvriers de l'agriculture. Cette rente ou pension, en cas d'incapacité complète de travail, sera, pour toutes les catégories d'ouvriers, des 2/3 du salaire et en cas d'incapacité partielle, d'une fraction proportionnelle à cette incapacité, et pour toute sa durée.

Si la victime d'un accident est morte (§ 6), il est dû :

1° Vingt fois le montant du salaire établi comme ci-dessus, soit 30 marks au moins, pour les frais d'enterrement ;

2° Une rente aux survivants, et à partir du jour du décès, s'élevant, pour la veuve et pour la durée de sa vie ou jusqu'à un nouveau mariage, à 20 p. 100 du salaire ; pour chaque enfant, jusqu'à l'âge de quinze ans, à 15 p. 100, et s'il perd sa mère, à 20 p. 100. La rente ou pension de la veuve et celles des enfants, réunies, ne doivent pas dépasser 60 p. 100 du salaire. Si leur montant dépassait ce maximum, chaque rente devrait être proportionnellement réduite. Si la veuve se remarie, elle reçoit, une fois pour toute, un capital égal à trois fois le montant de la rente. S'il n'y a pas de veuve, ni d'enfants, mais des ascendants, ces derniers ont droit à 20 p.•100. Les parents passent avant les grands parents. La fille-mère est indemnisée lors de la mort de son enfant. La loi du 5 mai 1886 accorde les mêmes avantages aux ouvriers agricoles et à leurs proches.

Nous verrons, plus loin, comment ce système d'indemnités est mis en pratique, comment les blessés sont traités, quel est le montant des rentes, et quelles mesures ont été prises pour que ces rentes restent dans les limites posées par le législateur.

22

Il importe avant tout de voir comment la charge est répartie entre les entrepreneurs, ou plutôt, pour rester dans les termes de la loi, entre les entreprises ou les « exploitations », *Betriebe*. Commençons par la grande industrie, celle qui est représentée par les soixante-quatre associations professionnelles ou corporations dont la liste sera donnée dans la troisième section. Chaque association forme un tout, ayant ses statuts délibérés en Assemblée générale, son Comité de direction, *Vorstand* (1), composé au moins d'un président, d'un secrétaire et de trois assesseurs. Les statuts en fixent le nombre, et arrêtent bien d'autres points relativement indifférents au législateur, qui ne règle que les choses essentielles. Les statuts partagent le pouvoir d'administration intérieure entre le Comité directeur et l'Assemblée générale, ils prescrivent la manière de procéder pour déterminer la cote de chaque établissement, pour évaluer le degré de danger que comporte chaque genre de travail, et dans quelle mesure les cotisations doivent en tenir compte, pour déterminer les indemnités de déplacement à attribuer aux représentants des

----

(1) *Vorstand* est quelquefois synonyme de *Vorsteher*, celui qui est à la tête (d'une institution).

ouvriers, les comptes de gestion à rendre, les mesures à prendre pour prévenir les accidents. Comme j'ai pu m'en assurer, les statuts présentent de très notables différences sur ces points ; ainsi, les indemnités accordées par une association s'arrêtent parfois sensiblement au-dessous de celles accordées par une autre.

Il va sans dire que chaque association a une liste complète de ses membres, ce qu'on appelle le *cadastre* (registre-matricule), et qu'elle prend des mesures pour maintenir cette liste au complet en tenant compte des mutations. Le chef de chaque exploitation doit remplir un bulletin et donner tous les renseignements nécessaires pour établir les cotes. Avant de procéder au répartement, une question préalable se présente : lequel des deux systèmes : de la répartition ou de la capitalisation est applicable dans le cas présent ? Deux systèmes différents, en effet, sont en vigueur, et lorsqu'il s'agit d'une rente viagère, le choix a de l'importance : il y a le système de la capitalisation et celui de la répartition. Le législateur pouvait préférer le premier pour assurer l'avenir d'une rente viagère, il pouvait demander qu'on déposât ou plaçât le capital nécessaire pour produire la rente due pendant tel nombre d'années. C'est le procédé usuel, et ce procédé a été prescrit par le législateur pour tous les cas où l'avenir des débiteurs présentait de l'incertitude; nous le rencontrerons plus d'une fois sur notre chemin. Mais comme ce système a le double inconvénient, d'une part, d'enlever à l'industrie des sommes qui lui feraient douloureusement défaut; et de l'autre, d'accumuler d'énormes capitaux d'un placement difficile, qui, à un moment donné, pourraient peser sur le marché; et comme, au surplus, la grande industrie jouit d'une sérieuse consistance, que tous les établissements sont solidairement responsables, qu'ils doivent former une forte réserve, et, qu'en fin de compte, l'État offre sa garantie ; par toutes ces raisons, le législateur a adopté le système de répartition, d'après lequel on ne réunit chaque année que la

somme à payer en cette année. Toutefois, cette somme va et
ira en grossissant pendant une assez longue période. En
effet, les rentes attribuées chaque année aux victimes s'accumulent et grossissent jusqu'au moment de l'équilibre, à
partir duquel il y aura environ autant de décès que de nouvelles rentes.

Les associations professionnelles de l'agriculture (L. 5 mai
1886), qui s'étendent, au nombre de 48, sur des territoires
déterminés, ont les mêmes droits et les mêmes obligations
que les associations industrielles, mais il est dans la nature
des choses que leurs dépenses soient moindres ; elles ont à
indemniser beaucoup moins d'accidents, et les salaires sont
moins élevés. En 1893, les dépenses des associations industrielles ont été de 46 millions, celles des associations agricoles de près de 9 millions de marks seulement. C'est sans
doute une des raisons qui ont fait maintenir parmi elles le
système de la répartition. Dans la grande industrie la charge
moyenne par établissement est de près de 100 fr. ; dans l'a-
griculture, la charge moyenne est d'environ *un* franc et demi.
Il n'est pas de paysan qui ne puisse supporter un fardeau
qui oscille entre 1 et 2 fr. par an. Du reste, ce fardeau est des-
tiné à s'appesantir ; on m'a dit que depuis l'introduction des
accidents rétribués — je veux dire indemnisés — leur
nombre s'est multiplié d'une manière effrayante. Cela est
vrai, et j'aurai l'occasion de citer quelques chiffres à l'appui.
J'ajouterai, en terminant, que les corporations agricoles ont
le droit de se dire associations professionnelles, puisqu'elles
ne sont composées que de cultivateurs grands et moyens ;
les petits sont généralement dispensés de verser pour leurs
ouvriers, puisqu'ils n'en ont que rarement ; ils peuvent, cependant, s'assurer eux-mêmes et naturellement pour leur
propre compte, ce qui est une bien minime dépense. Du
reste, ces corporations agricoles offrent une sérieuse garantie, les membres sont nombreux et se renouvellent nécessairement.

Il n'en sera pas ainsi pour la petite industrie ; si les projets de loi de 1894 sont adoptés, c'est la capitalisation qui prévaudra, car les établissements ou exploitations sont trop petits, et leur durée est trop incertaine pour leur faire entretenir une institution d'assurance viagère. Mais ces mêmes raisons ne s'opposent-elles pas aussi à la capitalisation ?

Quant aux industries exercées par l'Empire ou par un État allemand, et même par une province ou une commune, on sait que l'employeur ou l'employeuse peut demander à faire partie d'une association professionnelle ; mais en général l'État ou les établissements publics se chargent eux-mêmes de l'assurance, aux frais de leurs budgets respectifs, et en suivant une procédure particulière, indiquée dans les règlements d'administration publique. Un grand nombre d'autorités ont été désignées comme agents d'exécution.

23

La législation qui établit l'assurance contre les accidents renfermerait une grave lacune si elle ne s'occupait pas des moyens de les prévenir, d'en réduire le nombre. Elle y était d'autant plus obligée qu'on l'accusait et qu'on l'accuse encore de contribuer à leur augmentation. Le reproche n'est peut-être pas tout à fait sans fondement. Lorsqu'on n'obtenait aucune indemnité en dédommagement d'un petit accident, et qu'on avait de la peine à se faire indemniser lors d'un cas grave, on avait toutes les raisons possibles pour être prudent et attentif (1). Depuis que l'accident un peu sérieux est toujours suivi d'une indemnité, plus d'un y met moins de scrupule. Bien des gens perdraient un bras sans regret, s'ils

(1) Il convient de dire que dans beaucoup de cas il n'y avait eu aucune plainte, parce que la victime n'espérait rien obtenir. Elle s'adressait à l'équité du patron ou à l'assistance publique, qui est toujours tenue d'intervenir en cas de besoin. Et puis, il y avait les caisses de maladies.

étaient assurés d'avoir de cette façon leur pain sans travailler.
Sans doute, le patron étant certain maintenant qu'il aura toujours à payer en cas d'accident, prendra des mesures pré-
servatrices, mais il y a des patrons aussi négligents ou im-
prévoyants que les ouvriers. La loi de 1884 a donc prévu le
cas en autorisant la corporation (§. 78 et suiv.) à prendre la
chose en main, et à prescrire des mesures propres à prévenir
les accidents. Ces prescriptions ont une sérieuse sanction,
les établissements qui ne s'y soumettent pas ont à payer des
cotisations bien plus élevées et même des amendes. C'est que
les cotisations se règlent, non seulement d'après le nombre
des ouvriers, ou des journées de travail, mais encore d'après
le degré de danger auquel le personnel est exposé. Comme
il s'agit d'une assurance contre des accidents, il est évident
que la prime doit s'élever avec la fréquence du danger. La
différence peut être considérable, ici la prime sera de 1 à 2 fr.,
là de 20 à 30 fr. et au delà. C'est le comité directeur de l'association ou de la section qui établit les classes de danger,
les ouvriers entendus, et avec l'approbation de l'office des
assurances de l'Empire.

La corporation peut envoyer des commissaires ou inspec-
teurs dans les fabriques pour s'assurer que ses prescriptions
sont exécutées. Le fabricant est avisé de la visite. S'il craint
qu'il peut en résulter une divulgation de ses secrets de fabrication, il s'entend avec le comité directeur pour l'envoi
d'autres commissaires-experts. La corporation n'a pas seulement des pouvoirs étendus pour éviter le mal, elle en a aussi
pour tendre à la guérison, ou pour l'assurer. Elle doit les
soins médicaux, mais elle peut les faire donner dans un hôpital. Plusieurs associations ont déjà fait construire des
hôpitaux spéciaux pour leurs blessés, et même des maisons
de convalescence, elles ont souvent choisi des chirurgiens re-
nommés. Ce n'est pas seulement l'humanité qui pousse les
corporations à faire guérir leurs blessés, c'est encore leur intérêt bien évident. C'est une situation idéale que celle qui

porte l'homme tout naturellement à faire le bien. De plus, l'attention s'étant ainsi en quelque sorte condensée sur les maux causés par les accidents industriels, l'art médical a été invité à chercher de nouveaux moyens de guérir ces maux, et il en a trouvé. Ce n'est plus seulement à la chimie qu'on s'adresse pour aider la physiologie, mais encore à la mécanique. C'est par une sorte de gymnastique, où des machines guident les mouvements, que les membres reprennent leurs fonctions normales. Ce moyen doit être efficace, puisqu'il se répand. Nous y reviendrons.

24

Il est juste de constater ici que le « selfgovernment » a du bon (1). Les comités directeurs sont responsables de leur gestion, moralement encore plus que pécuniairement, s'ils tombaient dans la routine, leurs commettants ne manqueraient pas de les stimuler. C'est que l'assurance contre les accidents, qui devient de plus en plus populaire parmi les ouvriers, a de nombreux partisans parmi les patrons. On m'a dit et répété que tous les grands et moyens entrepreneurs et beaucoup de petits trouvent que pour eux aussi l'institution est un bienfait. Ils y gagnent en sécurité et en bons rapports avec leur personnel. La charge est sensible, mais supportable ; sous le régime de la loi de 1871, une condamnation à une indemnité eût put causer à un établissement une perte bien plus grande, tant par le montant de la somme à payer en une fois, que parce qu'elle aurait été à sa charge seule. Sous le régime actuel, elle est modérée, partagée entre les associés et répartie entre plusieurs années ; on jouit de la force que donne l'union, ou l'association, sans perdre de sa liberté, puisque chacun a sa part d'influence sur l'administration de l'œuvre. Et l'on y tient, m'ont assuré beaucoup d'intéressés.

(1) On lui reproche cependant d'être cher.

Le *selfgovernment* ne doit pas être confondu avec l'autonomie. Aucun État ne peut supporter qu'une de ses parties
soit réellement autonome, indépendante, exempte de devoirs envers le tout, et le Gouvernement doit veiller à ce que
« les libertés nécessaires » ne dégénèrent pas en des abus
quelconques. En organisant l'assurance contre les accidents
sous le régime de l'administration par soi-même, le législateur dut donc créer un organe chargé de veiller à la conser-
vation de l'esprit dont il le voulait voir animé. Il ne faut pas
oublier que l'assurance met en présence deux intérêts qui
sont loin d'être identiques, celui de l'assureur et celui de l'assuré ; que le législateur veut faire du bien à l'un, sans écraser
l'autre, car il se reconnaît des devoirs envers les deux. C'est
pour remplir cette tâche délicate de la conciliation, de la justice envers tous, que l'office d'assurance de l'Empire, *Reichsversicherungsamt*, dont le siège est à Berlin, a été créé et
doté de pouvoirs étendus, sous l'autorité supérieure, mais
pratiquement nominale, du ministre de l'intérieur. L'Office est
une autorité collective (*collegium*) chargée d'attributions administratives et judiciaires sous la direction d'un président
nommé à vie. Cette autorité est composée de membres ina-
movibles nommés par l'empereur, et de membres élus pour
une période de quatre années. De ces membres élus, le Conseil fédéral — qui peut être en quelque sorte comparé au
Sénat — en fournit quatre ; les associations professionnelles
(patrons), deux ; les réprésentants des ouvriers, deux. Les
autres fonctionnaires et employés sont nommés par le chan-
celier de l'Empire.

L'Office est chargé de la surveillance des associations professionnelles ; il peut vérifier les livres, contrôler les décisions
et au besoin édicter des amendes jusqu'au maximum de
mille marks. Toute nouvelle organisation dans le sein des corporations doit lui être soumise, il peut réglementer et juger ;
il surveille et contrôle les élections, et généralement ses décisions sont en dernier ressort. Pour que ces décisions soient

valables, elles doivent avoir été prises par au moins cinq membres, savoir : le président, deux assesseurs, un représentant des patrons et un représentant des ouvriers. Les dépenses de l'Office sont à la charge de l'Empire, la procédure devant ce tribunal administratif est sans frais. Plusieurs États allemands ont établi des Offices spéciaux pour leur territoire ; mais les pouvoirs de ces Offices ne s'étendent que sur les associations professionnelles dont la circonscription ne comprend pas des territoires appartenant à plusieurs États. Toutes les autres associations ressortissent à l'Office d'assurance de l'Empire.

Ce dernier, de l'avis général, a exercé jusqu'à présent une influence bienfaisante sur l'institution de l'assurance ouvrière contre les accidents, les infirmités et la vieillesse. Son éminent Président, M. Bœdiker, que secondent des hommes distingués, dirige cet important service public dans un esprit très libéral, et, je crois pouvoir dire, avec beaucoup de sagacité. C'est que les affaires traitées sont souvent très délicates et très compliquées ; les décisions de l'Office ont formé toute une casuistique, et plus d'une fois il fallait fendre un cheveu pour faire la part de tous les droits, et de tous les intérêts. J'aurai l'occasion de citer des décisions caractéristiques.

Section II. — Mise en œuvre. Procédure

26

On ne connaît bien une loi que lorsqu'on l'a vue appliquer. Je vais donc supposer un accident et observer les suites qu'il peut comporter jusqu'au règlement définitif de l'affaire. J'ai pour guide, d'une part, la loi et les règlements, de l'autre, la jurisprudence de l'Office d'assurance de l'Empire, et enfin des statuts et des collections de cadres ou imprimés (des formulaires) mis obligemment à ma disposition par un certain nombre de directeurs d'associations professionnelles,

Ces associations étant maintenant en fonction, il n'y a pas lieu de nous arrêter sur leur constitution. Il suffit de dire que la loi oblige, sous peine d'amende (100 marks), tous les industriels qu'elle assujettit à l'assurance de présenter une déclaration à l'autorité locale. A l'origine toutes ces déclarations ont été adressées à l'autorité supérieure, qui a convoqué les intéressés pour se former en assemblée générale, à l'effet de rédiger des statuts et de s'organiser conformément aux indications de la loi. Les omissions ont été réparées par les autorités compétentes. Ainsi, les établissements qui n'avaient pas fait leur déclaration ont été inscrits d'office par l'autorité locale, et les assemblées générales qui n'aboutissaient pas se sont vu organiser, au nombre de 6 sur 64, par le Conseil fédéral, qui est certainement l'autorité administrative suprême, puisqu'il fait partie du législateur. Mais si ces corporations sont maintenant en pleine fonction elles voient se renouveler leurs éléments constitutifs ; des établissements se ferment et d'autres s'ouvrent, et le comité directeur doit veiller à ce que rien ne lui échappe. L'autorité locale doit au besoin l'avertir. Le nouveau propriétaire d'une ferme ne pensera probablement guère à se faire porter sur le registre matricule de l'association professionnelle agricole, ce sera peut-être toujours le maire qui donnera avis de la mutation. Il était dans la nature des choses que l'autorité supérieure prît en main la formation des associations professionnelles agricoles et délimitât les 48 circonscriptions, ainsi que les sections dont elles sont composées. Il a déjà été question de ces subdivisions, les associations industrielles les ont trouvées très commodes, elles sont destinées à décentraliser les affaires d'une corporation. Le comité directeur d'une section prend toutes les décisions qui n'ont pas été directement réservées à la direction centrale de l'association professionnelle.

Chaque exploitation industrielle (loi de 1884) doit donc faire une déclaration. Cette déclaration doit être présentée en

2 exemplaires à l'autorité locale et indiquer l'objet de l'exploitation, les machines employées (s'il y a lieu), le nombre des
personnes assurées, la corporation à laquelle l'exploitation
doit appartenir (1), la date de l'ouverture de l'établissement. Le
 .aire accuse réception et envoie l'un des exemplaires de la
déclaration à l'association désignée, mais s'il pense que l'é-
tablissement doit plutôt faire partie d'une autre corporation,
il en avertit le comité directeur intéressé, pour qu'il fasse le
nécessaire. C'est qu'il n'est pas permis à un établissement de
faire partie d'une autre association professionnelle que celle à
laquelle elle appartient logiquement, et si les deux comités
saisis ne peuvent pas se mettre d'accord, c'est l'Office d'assurance qui décide.

Le doute est parfois possible. Il ne faut pas oublier
qu'il y a des produits complexes ; puis, il y a des établissements qui combinent ou cumulent des fabrications. En pareil
cas, la loi veut que les productions accessoires soient consi-
dérées comme parties intégrantes de la production principale.
Il est possible, d'ailleurs, qu'un entrepreneur fasse une déclaration et que le comité directeur de l'association juge qu'elle
doit être refusée. Ainsi, un menuisier et spécialement un
ébéniste, qui occupe moins de dix ouvriers et n'emploie pas
de machine, n'est (jusqu'à nouvel ordre) pas assujetti à
l'assurance. Si le menuisier travaille pour le bâtiment, n'eût-il
qu'un seul ouvrier, l'assurance est de rigueur. On entrevoit
que les questions sont loin d'être simples.

27

Enfin, la déclaration est acceptée, le fabricant est inscrit
sur le registre matricule (le cadastre) et on lui envoie sa carte

(1) Dans une même localité il y a souvent des établissements très
variés, et dans le même établissement on peut avoir réuni des exploitations différentes.

de membre ; il est alors électeur et éligible. Mais il est surtout contribuable aux dépenses communes. Dans l'intérêt des répartitions, chaque entrepreneur doit faire connaître le nombre de ses ouvriers, le montant de leur salaire annuel, le genre de machines qu'il emploie, et toutes les circonstances qui peuvent présenter quelque danger d'accident. Le salaire se porte sur les tableaux par taux annuel. Pour les calculs on distingue l'ouvrier réel ou concret, qui peut n'avoir travaillé qu'une partie de l'année, de l'ouvrier complet, *Vollarbeiter*, c'est-à-dire qui a travaillé toute l'année (300 jours), et l'on ne compte pas seulement le salaire en argent, mais aussi le salaire en nature et tous les gains et bénéfices accessoires que l'ouvrier tire de l'établissement auquel il est attaché ; mais non les avantages provenant d'autres sources. Outre le nombre des ouvriers et le montant des salaires, il faut encore établir les coefficients ou les classes de danger pour chaque catégorie de travailleurs et, muni de ces données, le comité directeur procède à la répartition. Le degré de danger a d'abord été simplement évalué ; depuis on a fait des expériences (sept années), il reste néanmoins encore un fort élément d'appréciation, mais le tarif n'est établi que pour 5 ans à la fois, il est périodiquement rectifié. Le comité directeur doit envoyer aux membres un exposé motivé de la répartition, et pour en donner une idée bien nette, je vais reproduire, en une traduction presque littérale, l'exposé que l'*Association professionnelle des textiles de l'Allemagne du Nord* a envoyé à ses membres pour justifier le montant des cotisations pour 1894. Voici ce document :

« La liquidation des sommes avancées par la poste en 1893 (1er janvier au 31 décembre) à titre d'indemnités pour accidents, nous étant parvenue (1), et les comptes ayant été clos, nous vous envoyons, conformément au § 72, alinéa 2 de la loi sur l'assurance contre les accidents du 6 juillet 1884,

____

(1) Nous revenons plus loin sur ces avances. Voyez page 69.

l'extrait qui suit de nos rôles de perception, indiquant la cote de votre maison.

« Le montant des *dépenses à couvrir* par la corporation s'établit ainsi qu'il suit :

« 1° *Indemnités pour cause d'accidents* avancées et liquidées par l'administration des postes . . 235,094ᴹ43

payées directement par la corporation. 2,465 50

dépenses faites en se chargeant des soins médicaux avant l'expiration de la 13ᵉ semaine (1). 487 52   238,047ᴹ45

« 2° Fonds de réserve, à verser 40 0/0 des indemnités. 95,218 98

« 3° Autres dépenses :

Frais d'administration . . . . 38,977ᴹ »
— instruction (examen) des cas d'accidents. . . . 5,766 65
— tribunaux arbitraux. . . 5,279 99
— révision d'exploitatᵒⁿˢ (2). 2,331 30

Provisions payées à la *Banque allemande.* 931 25

Frais de déménagement et d'installation. 761 90   54,048ᴹ09

Ensemble. . .   387,314ᴹ52

A défalquer : cotisations rentrées en trop en 1893. . . . . 1,694ᴹ85
Intérêts des capitaux placés. . . . 248 10

Ensemble. . .   1,942ᴹ95

Si de cette somme on emploie en dépense. 1,317 75

Réservant les 625 marks 20 comme reliquat à utiliser en 1894.

« Il reste à couvrir dans l'année courante. 385,906ᴹ77

(1) Les premières 13 semaines sont à la charge des caisses de maladie, mais les associations peuvent s'en charger dès la 5ᵉ semaine.

(2) Les corporations envoient souvent des commissaires faire la révision des déclarations présentées, mais surtout vérifier si les moyens d'éviter les accidents qu'elles ont prescrites ont été appliqués.

(Voilà donc la dépense, passons maintenant à la répartition) :

« En 1893, le nombre des personnes assurées ayant été
de 118,063 il y a à payer, en moyenne, pour chaque assuré
3 marks 27, soit 18 pfennings de plus qu'en 1892, où la
dépense par ouvrier assuré n'a été que de 3 *M*. 9 pf.

« La somme à couvrir, 385,996 *M*. 77, doit être répartie
d'après l'ensemble des salaires et traitements admissibles (1)
payés par les membres de la corporation du 1er janvier au
31 décembre et montant à 71.996.833 marks 46 pf.

« Ce chiffre, multiplié par les coefficients de danger des
divers établissements, donne un total de 3.859.967.700 unités
de cotisations.

« Or en divisant le montant de la dépense, 385,996.77, par
les 3,859,967,700 unités de cotisations il en résulte qu'une
unité de cotisation équivaut à 0.0001 mark ou que 10,000 unités font 1 mark.

« Votre maison ayant payé dans les 12 mois de 1893... x *M*.

« Votre coefficient de danger étant de...

(1) *Anrechnungsfaehig* (tel qu'on a le droit de les compter). C'est-à-
dire :

On comptera au complet, tels qu'ils ont été payés, les salaires de
4 marks et au-dessous.

Pour les salaires de plus de 4 marks on comptera 4 marks + un tiers
du surplus.

On ne comptera que les salaires payés pour le travail concernant
l'exploitation de l'établissement ; dans ce cas on tiendra compte des
accessoires et on évaluera en argent (prix locaux) les fournitures en nature.
Un salaire payé par le patron à son ouvrier pour un travail qui ne
concerne pas l'exploitation, ne doit pas entrer en ligne de compte.

Il en résulte que les salaires réellement payés dépassent les
71 996.833,46. De combien ? Voilà ce qu'on ignore. Si, sur les 118.000
ouvriers 20.000 gagnent 1 mark de plus par jour qu'il n'est permis de
compter, cela ferait 20.000 + 300 ou 6 millions par an. C'est probablement un peu trop.

« Vous avez à verser . . . . unités de cotisations dont 10,000 font 1 mark, soit une somme totale de . . . . . »

(On rappelle que chaque membre doit accuser réception de l'extrait des rôles et qu'il a quinze jours pour réclamer.)

Le § 74 permet de faire rentrer ces fonds, ainsi que les amendes, à la façon des impôts communaux. L'arriéré tombé en non-valeur est réparti entre l'ensemble des membres.

28

La manière de déterminer le coefficient de danger pour une entreprise peut être très compliquée. Dans presque chaque fabrication il y a des travaux et des manipulations plus ou moins dangereuses, pour chaque manipulation il y a un nombre différent d'ouvriers, et cette besogne dure tantôt une année (300 jours), tantôt beaucoup moins. On commence par attribuer un coefficient à chaque manipulation, en se fondant sur l'expérience. Dans la même fabrique tel travail peut avoir pour coefficient 1, tel autre 10, 20 et même 50. On constate ensuite le nombre des ouvriers qui ont exécuté le travail dans le courant de l'année, cela donne un totale de tant de journées (ouvriers$\times$journées) ; ce total est ensuite multiplié par le coefficient du danger. Voilà pour une manipulation. On fait successivement de même pour les autres manipulations, opérations et travaux (ouvriers$\times$journées$\times$coefficients) ; puis on additionne les produits de ces multiplications et le total des unités de danger ainsi obtenu est divisé par le total des journées de travail : le quotient est le coefficient de l'établissement. Les procédés de calcul ne semblent pas être identiques dans les différentes corporations, mais pour les établissements industriels (loi de 1884) ils s'appliquent toujours à deux données : quantité de travail, étendue du danger.

Il n'en est pas de même pour les exploitations agricoles (Loi de 1886, § 15, 16, 33, 34). En principe, sans doute, ces deux données doivent être la base des calculs, mais la loi de 1886 autorise les gouvernements des États à prescrire, et les corporations (associations, professions agricoles) elles-mêmes à introduire dans leurs statuts, des dispositions tout autres. Et, en effet, un grand nombre de ces corporations agricoles font abstraction de l'élément danger, et ne s'occupent pas de l'élément travail, elles se bornent à répartir les dépenses d'après l'impôt foncier et alors les cotisations prennent la forme de centimes additionnels. Ajoutons qu'on peut prendre pour base les impôts directs en général et même combiner les impôts avec l'emploi d'un coefficient de danger, ou seulement d'une taxe additionnelle pour les opérations dangereuses. D'un autre côté, pour les établissements agricoles qui n'ont pas d'impôt foncier à payer, par exemple, une laiterie, on leur a attribué une cote fictive, calculée d'après le nombre des vaches, et la répartition des charges s'appuie sur cette cote. Il faut bien le dire, si l'on admet de pareils expédients, c'est que les cotisations sont faibles ; mais elles sont en train de devenir sensibles. Voici sur ce point quelques données curieuses que je tiens de première main. Il s'agit de l'association professionnelle agricole de la province de Brandebourg. Cette province, érigée en corporation, renferme 184,840 exploitations agricoles payant ensemble 3.393,027 marks 71 d'impôt foncier (1).

Voici les résultats des années 1888 à 1893 :

Année 1888.	Accidents déclarés	535.	Accidents indemnisés	67
— 1889.	—	— 1,166.	—	— 385
— 1890.	—	— 1,819.	—	— 682
— 1891.	—	— 2,368.	—	— 1,071
— 1892.	—	— 2,642.	—	— 1,126
— 1893.	—	— 3,143.	—	— 1,548

(1) On ne peut prendre l'impôt comme base de la répartition que si les enfants ou membres de la famille du patron sont admis à l'assurance. Des lois locales peuvent les exclure. Plusieurs États les ont en effet exclus, mais la Prusse n'a pas modifié sur ce point la loi de l'Empire et, en fait, les dépenses prennent la forme de centimes additionnels.

Les dépenses se sont élevées aux chiffres suivants :

Année					centimes additionnels	
Année	1888.	30,779 *M* 60 ;. cela fait, par mark d'impôt foncier,				1,5
—	1889.	90,861	64	—	—	2,8
—	1890.	185,135	09	—	—	5,6
—	1891.	316,415	65	—	—	9,5
—	1892.	438.279	43	—	—	13,0
—	1893.	581,207	33	—	—	17,0

C'est donc une charge nouvelle de 17 centimes par franc (17 pf. par *M.*) que déjà les accidents imposent à l'agriculture de cette province ; il doit en être de même ailleurs

Après avoir donné ce court aperçu du service d'ensemble et de la manière de se procurer les fonds, nous pouvons suivre une affaire d'accident et voir se dérouler la procédure.

29

Lorsqu'un accident a lieu dans une exploitation, s'il a causé la mort de la victime ou seulement une blessure ayant produit une incapacité de travail de plus de 3 jours, l'entrepreneur ou son représentant doit (sous peine de 300 M. d'amende) en donner, dans les deux jours, avis par écrit à l'autorité locale de police. Il doit se servir, à cet effet, d'un formulaire ou d'un cadre prescrit par l'Office d'assurance de l'Empire (Loi 1884, § 51, alinéa 4). Ce formulaire prescrit par la loi, et rédigé par l'autorité suprême en la matière, nous paraît assez important pour être reproduit ici (grandeur réduite). Il est toujours sur papier jaune.

ASSOCIATION PROFESSIONNELLE DE. . .   SECTION. . . .

Délégué (en allemand : homme de confiance).
Nom et adresse.

Entrepreneur (patron).   N° du registre matricule.
Nom et adresse.

AVIS D'ACCIDENT

ADRESSÉ A L'AUTORITÉ LOCALE DE POLICE, ARRONDISSEMENT DE. . . .

Un cadre spécial doit être rempli pour chaque personne tuée ou blessée.

1. Exploitation où l'accident a eu lieu. (Indication détaillée : rue, numéro, local spécial).	
2. Nom et prénoms de la personne tuée ou blessée. . Elle est occupée dans l'exploitation comme. . . . (Dire de quoi elle est occupée, et où ?) Son adresse, âge (au moins approximativement).	
3. En quoi consiste la blessure ? Paraît-elle devoir produire la mort ou une incapacité de travail de plus de treize semaines ?	
4. Où se trouve actuellement le blessé ? (A l'hôpital, à son domicile.)	
5. De quelle assurance contre la maladie le blessé fait-il partie ?	
6. Jour de la semaine, date, heure de l'accident.	
7. Comment l'accident a-t-il eu lieu ? Causes ? (Détails circonstanciés.)	Demi-page en blanc.
8. Témoins de l'accident. (Noms et adresse.)	
9. Observations s'il y a lieu. (Par exemple, moyens employés pour éviter les accidents.)	
Lieu et date.	Signature de l'auteur de l'avis.

Au reçu de l'*Avis*, la police fait son enquête. Peuvent y assister les représentants : 1° de la corporation ; 2° de l'assurance contre la maladie auprès de laquelle ia victime est inscrite, et 3° du patron. La corporation ou la section en son nom envoie, généralement, le délégué local permanent dit homme de confiance (Vertrauensmann) (1). Les intéressés peuvent faire prendre copie des résultats de l'enquête. S'il y a eu mort d'homme et que le décédé laisse une veuve, des enfants ou des ascendants à sa charge, les représentants des corporations procèdent immédiatement à l'allocation des indemnités prévues dans la loi et qui ont été indiquées plus haut. Constatons, en passant, qu'il n'est pas permis de donner plus ou moins que l'indemnité prévue par la loi; les personnes chargées de fixer l'allocation n'ont qu'à en faire l'application, c'est-à-dire qu'elles apprécient, dans chaque cas, quelle disposition a visé le fait qu'elles ont à juger.

Il n'est pas nécessaire de dire que, dès la constatation de l'accident, le représentant de la corporation, directeur central, directeur de section ou délégué local (Vertrauensmann) charge le médecin de la corporation de faire son rapport. En attendant, le blessé, si l'incapacité de travail doit durer plus de 3 jours, — car il y a blessure et blessure et les très petites ne comptent pas, — a recours à la caisse de maladie dont il fait partie. Cette caisse lui doit, pendant 13 semaines, les secours qui ont été indiqués plus haut au chap. II. La corporation s'occupe d'abord de la guérison du blessé, tant pendant les 13 semaines qu'après, elle le fait soigner et vient même, à titre provisoire, au secours de sa famille. Quand le traitement est assez avancé pour qu'on puisse savoir s'il y aura incapacité complète ou partielle de travail, alors, autant que possible pas

(1) On m'a dit qu'on n'avait pas une confiance illimitée dans les « hommes de confiance » qui sont souvent influencés par des préjugés et intérêts locaux et, même par des considérations de'personne.... Ils n'en sont pas moins très honorables et très honnêtes.

plus tard qu'à la quatorzième semaine, le comité directeur de
la corporation ou de la section, s'il y en a, sur le vu du certificat du médecin et de l'avis du délégué local — le patron et
le blessé entendus — fixe le taux de l'indemnité. Le certificat
du médecin n'est qu'un des éléments de la décision ; l'Office
d'assurance de l'Empire désire que les personnes chargées de
la décision jugent *de visu*, tenant compte de toutes les circonstances, tandis que l'avis du médecin peut avoir été rédigé
à un point de vue purement médical et trop étroit. Ce qui
est à déterminer, c'est, non seulement si le blessé est devenu
complètement ou partiellement incapable de gagner sa vie ;
mais aussi si, avant l'accident, il avait encore toutes ses
forces, ou s'il était déjà affaibli ou partiellement infirme. La
décision porte alors ou : incapacité complète, ou : incapacité
partielle 20 % (25 %, 30 % etc.) ou encore : incapacité partielle réduite de.... et la rente est fixée proportionnellement
au salaire qui est, on se le rappelle, selon le cas : 1° de
de moins de 4 marks par jour, 2° de 4 marks, plus 1/3 de
l'excédent ; 3° de 2,000 marks par an, plus 1/3 de l'excédent ;
4° de la moyenne du salaire d'un journalier. Si l'incapacité
de travail est complète, le blessé reçoit les 2/3 de ce salaire,
si elle est partielle, une fraction déterminée de ce maximum.

Une décision motivée doit être adressée à la victime de
l'accident. Si elle accepte la décision, le comité directeur charge
le bureau de poste le plus voisin du domicile de l'impétrant
de lui payer sa rente ou pension ; en cas de changement de
domicile, le rentier peut demander qu'un autre bureau postal
soit invité à continuer ces versements. La poste se fait rembourser ses avances, l'année d'après, par l'association professionnelle débitrice (voyez page 61).

30

Si l'impétrant n'admet pas l'appréciation du comité directeur, il peut demander un arbitrage. Dans chaque grande

division ou section d'une corporation il y a un tribunal arbitral. Il se compose d'un président nommé par l'État et pris parmi les fonctionnaires publics ; de deux assesseurs (patrons) élus par les membres de l'association professionnelle, ou d'une de ses sections, qui ne font pas partie des comités directeurs et dont aucun n'est délégué local (Vertrauensmann) ; enfin de deux représentants des ouvriers. Les assesseurs patrons ou ouvriers, qui doivent naturellement être des gens honorables, sont élus pour 4 ans et se renouvellent tous les 2 ans par moitié, mais peuvent être réélus. On nomme en même temps pour les uns et les autres des suppléants qui les remplacent en cas d'empêchement.

Bien que les ouvriers n'aient aucun versement à faire, il leur a été réservé, comme on le voit, une part d'influence dans le jugement des affaires d'assurance sur les accidents ; ils fournissent des assesseurs à l'Office d'assurance de l'Empire, et, en outre, à tous les tribunaux arbitraux. Leurs représentants assistent aux enquêtes sur les accidents, ils sont, de plus, consultés lors de la rédaction des règlements ou des prescriptions destinées à empêcher les accidents. L'élection de ces représentants des ouvriers a lieu par les bureaux ou comités directeurs des caisses d'assurance contre la maladie, caisses locales, caisses de fabrique, de corporations, d'arts et métiers et de mineurs (*Knappschaften*), habitant la circonscription d'une section ou d'une association professionnelle, et comprenant parmi leurs membres au moins 10 personnes travaillant dans les exploitations de l'association. Sont éligibles tous les ouvriers majeurs, honorables et assujettis à l'assurance. Il ne paraît pas intéressant de reproduire le détail des règlements, mais il est nécessaire de dire que les ouvriers ainsi dérangés de leurs travaux (et non le président), reçoivent des indemnités aux frais de la corporation. Le président et les quatre assesseurs prêtent serment.

Le tribunal arbitral est constitué quand il y a, outre le président, autant de représentants des patrons que des ouvriers. Le tribunal juge en appel. La victime peut seule en appeler de là décision du comité directeur. Le tribunal peut visiter le lieu de l'accident, entendre des témoins et leur faire prêter serment. Les parties doivent toujours être convoquées, mais elles ne sont pas tenues de paraître en personne, elles peuvent se faire représenter. J'ai assisté à plusieurs séances, elles sont publiques; les parties y étaient en personne, la procédure était des plus simples. Point de discours ou de plaidoyer. Le président interrogeait, les intéressés répondaient en quelques mots et quand le tribunal se croyait éclairé, il délibérait et prenait une décision à la majorité des voix. Un recours est ouvert aux intéressés (le blessé, les parents de l'ouvrier tué, le comité directeur), auprès de l'Office d'assurance de l'Empire qui juge en dernier ressort et en séance publique. Les frais des instances sont supportés par la caisse des corporations.

La procédure, disions nous, est simple, mais les questions à résoudre sont parfois compliquées ou délicates. Il faut constater si l'impétrant est régulièrement assuré, s'il a été blessé par suite de son travail industriel ou par une autre cause. Un projet de loi de 1894, déjà mentionné, comprend les travaux commandés par le patron, quoique non professionnels, parmi ceux qui peuvent produire des accidents donnant droit à indemnité; mais même lorsque cette extension ou simplification aura eu lieu, il restera encore bien des accidents qui ne donneront pas droit à indemnité. Il en est qui ont lieu dans la fabrique ou sur le champ du travail et qui ne sont en aucune façon causés par « l'exploitation » (Betrieb). Parmi les nombreux cas qui ont passé par toutes les instances, citons seulement ceux-ci: Un ouvrier quitte l'atelier et va dans la cour où se trouve le cabinet d'aisance; dans la cour il est gravement mordu par le chien d'un voisin. Il n'est rien dû à cet ouvrier. Autre fait: Un homme est engagé pour charger des tonneaux dans une gare de marchandises, avec l'ordre de pas s'éloigner des wagons dans les intervalles de repos;

néanmoins, pendant un intervalle, il s'éloigne à une tren-
taine de pas où des ouvriers chargent des poutres, et, sans y
avoir été invité, il leur donne un coup de main ; à cette occasion
il est écrasé par suite de la chute d'une poutre. Il a été jugé
que cet accident ne donnait pas droit à indemnité, tandis
qu'une indemnité fut reconue due à un charretier qui, se
trouvant à la porte d'un magasin pour décharger sa voiture,
a été atteint par une caisse qui tomba du grenier. C'est que
le charretier était à son poste pour un travail commandé.

<h2 style="text-align:center">31</h2>

Nous pourrions citer encore de nombreux faits analogues
dans un sens et dans l'autre, mais passons. Admettons, ce
qui sera d'ailleurs le plus souvent le cas, que l'accident
donne droit à indemnité. S'il s'agit des ayants-droit d'un ouvrier tué à la besogne, on ne peut soulever qu'une question
d'état civil, on peut soutenir, par exemple, que la femme qui
se présente comme veuve n'est pas mariée : une pareille
question ne peut être résolue que par le tribunal civil ; tout
le reste est prévu par la loi et rentre dans la compétence administrative. S'il s'agit d'un blessé, il faudra déterminer le
degré de son incapacité de travail, si elle est totale ou partielle dans une mesure déterminée. L'ouvrier peut avoir
perdu un bras, une jambe, ou un œil, etc., et cela avec des
circonstances atténuantes ou aggravantes ; combien faut-il
allouer dans chacun de ces cas ? Il n'existe pas de tarif, je
crois savoir que l'Office d'assurance n'a pas voulu en proposer un, il désire que chaque cas soit apprécié séparément,
les circonstances sont si variées ! Toutefois, telle association
professionnelle a pu dresser des instructions aux délégués
locaux (« hommes de confiance »), qui interviennent le plus
souvent dans ces évaluations, et leur donner des indications
qui ne sont pas des prescriptions, mais qui leur servent de
guide, car il faut prendre une décision et trancher le nœud

qu'on ne peut pas dénouer. C'est une pareille instruction que j'analyse dans les lignes qui suivent.

L'incapacité complète de travail semble relativement facile à constater, ne nous y arrêtons pas; l'incapacité partielle est évaluée en tant pour 100. La perte d'un œil, l'autre restant en bon état, est évaluée à une réduction de 30 à 40 p. 100 sur la capacité de travail. Si l'œil n'est pas complètement perdu, on ne peut réduire que 10 à 25 p. 100. On comprend qu'il est procédé ainsi : Supposons que le salaire attribué à la victime soit de 2 *M.* par jour et qu'il y ait 300 journées de travail, cela fait 600 *M.* S'il y a incapacité complète de travail, la pension (ou la rente) est de 400 *M.* Si l'incapacité partielle est de 10 p. 100, c'est 40 *M.* par an à payer, car il est supposé que l'impétrant gagnera les 9/10 de son salaire habituel.

Pour la perte du bras droit, l'incapacité est de 60 à 75 p. 100. A 75 p. 100, c'est 300 *M.* à payer annuellement, car le gain ne sera plus que du quart (du quart de 400 *M.* en théorie). La perte du bras gauche est évaluée à 50 ou 60 p. 100. Si le bras a été seulement affaibli, le dommage est évalué de 25 à 50 p. 100 et même au-dessous, selon le cas. La perte d'une main est généralement équivalente à celle d'un bras. Pour les doigts, les cas diffèrent : le pouce de la main droite vaut 20 à 25 p. 100 ; celui de la main gauche, 15 à 20 p. 100 ; un des autres doigts s'évalue entre 8 et 15 p. 100 ; la perte de plusieurs doigts élève le dommage en proportion. La perte d'une phalange compte comme celle de la moitié d'un doigt. Si l'individu était gaucher, les évaluations en tiendraient compte. Un membre paralysé est un membre perdu.

La perte d'une jambe est considérée comme réduisant la capacité de travail de 60 à 75 p. 100 ; celle d'un pied, de 50 à 60 p. 100 ; celle des doigts d'un pied 25 à 40 p. 100 ; du pouce 15 à 20 p. 100, d'un autre doigt du pied 3 à 5 p. 100. Une jambe cassée, plus ou moins mal guérie, diminue aussi la capacité de travail. Une surdité plus ou moins caractérisée peut réduire la capacité de travail de 10 à 70 p. 100, selon le degré de la surdité. Une hernie simple doit être évaluée à une réduction de 10 p. 100, une hernie double de 20 à 50 p. 100, selon sa gravité. Pour les autres blessures ou infirmités on devra toujours consulter un médecin pour en apprécier les effets sur la capacité de travail. Il y a aussi à tenir compte des blessures dans le visage ou autres qui rendent une personne désagréable à voir; une personne défigurée trouve plus difficilement à se placer et l'évaluation du dommage doit en tenir compte.

32

Après cet aperçu, il importe d'insister sur un point, c'est que la rente accordée pour l'incapacité complète ou partielle de travail n'est pas accordée pour la vie entière, mais seulement pour la durée de cette incapacité (§ 65 de la loi de 1884). Il va sans dire que, dans beaucoup de cas, la rente sera, de fait, viagère. Il ne pousse à l'homme ni un nouveau bras, ni une nouvelle jambe; mais un grand nombre de maux sont atténués avec le temps, et les associations ont le droit de faire soigner, et, s'ils le peuvent, guérir leurs pensionnaires, qui ne doivent pas s'y refuser, bien que plus d'un aimerait mieux garder l'infirmité qui le dispense de travailler. J'ai vu à Berlin, dans l'établissement du docteur Hönig (1), des hommes que des accidents avaient rendus infirmes et que des machines habituaient à reprendre les mouvements qu'une blessure avait semblé leur interdire à l'avenir. L'expérience a montré qu'il y avait souvent de l'amélioration. En pareil cas, une nouvelle décision est provoquée par le Comité directeur — avec droit d'appel et de recours pour l'intéressé, s'il y a lieu

(1) Le système semble originaire de Suède (Dr Zander à Stockholm), il est établi maintenant en Allemagne dans un certain nombre d'hôpitaux spéciaux.

— et la pension est réduite. En revanche elle doit être élevée si le mal qui a valu une pension à la victime s'aggrave à la suite des temps.

Une assez curieuse distinction mérite d'être relevée. On ne donne de pension ou rente qu'en cas d'incapacité de travail ; il peut arriver qu'une blessure ou infirmité empêche un homme de gagner sa vie par son métier actuel, mais le laisse en état d'en exercer un autre. Un homme avait perdu une jambe ; la corporation tenue à l'indemniser lui fit donner, naturellement du consentement de l'intéressé, l'instruction nécessaire pour être employé de bureau. Il gagnait ainsi davantage, et il fut jugé que la loi était satisfaite (1). Mais ce n'est là qu'une espèce, en voici une autre qu'on trouve deux pages plus loin dans le même document. Un menuisier avait subi une lésion à la main qui le rendait impropre à exercer sa profession. Il devint plus tard commis de bureau chez un négociant, où il obtint, il est vrai, un traitement supérieur à son salaire antérieur, mais inférieur à celui qu'avait obtenu son prédécesseur, parce qu'il était moins instruit en matière commerciale et que l'infirmité de sa main l'empêchait d'avoir une aussi belle écriture. L'Office a jugé que dans ce cas il fallait continuer la rente, car le plaideur était dans une incapacité relative pour sa nouvelle profession et, en pareil cas, le fait de l'augmentation du revenu de l'impétrant ne lui ôte pas son droit à une rente. On le voit, chaque espèce doit être examinée à part, mais il ne s'agit ici que de faire comprendre l'esprit dans lequel les décisions sont prises, et aussi de montrer que l'Office d'assurance doit quelquefois rivaliser avec le roi Salomon de sagesse et de pénétration pour satisfaire, sinon tout le monde, du moins ceux qui jugent avec impartialité et sans passion.

(1) Ce fait se trouve dans le *Handbuch der Unfallversicherung*, contenant la jurisprudence de l'Office d'assurance (Leipzig, 1892), p. 311, *b ;* le fait qui va suivre se trouve p. 313 également *b*.

Section III. — *Statistique*

33

Le moment ne semble pas venu de présenter une statistique comparée ; la législation sur l'assurance contre les accidents n'existe que depuis peu d'années — de 1884 à 1894 — qu'est-ce dix années dans la vie d'une nation ? Et dans cette courte période la législation n'a pas été stationnaire, elle s'est étendue, élargie, englobant dans les cercles de ses prescriptions des populations de plus en plus nombreuses. Bornons-nous donc à résumer la statistique la plus récente, elle s'applique à l'année 1892, en commençant par les résultats généraux.

Le nombre des associations professionnelles a été de 112, dont 64 industrielles et 48 agricoles. Ces associations se subdivisaient en 914 sections plus ou moins autonomes ; les comités directeurs des associations se composaient ensemble de 1,089 membres, ceux des sections en comptent 5,258. Les « hommes de confiance », que je désigne par l'expression de délégués locaux permanents, sont au nombre de 23,177. Voilà pour le personnel travaillant gratuitement et représentant plus spécialement les patrons. On compte 158 fonctionnaires rétribués chargés des inspections, revisions, etc., (on n'indique pas le nombre des employés de bureau, qui doit s'élever à plusieurs milliers). Il y a 997 tribunaux arbitraux, auprès desquels fonctionnent 3,074 représentants des ouvriers ; enfin, on compte 5,274,955 exploitations contenant 17,967,547 personnes assurées dont 415,335 exploitations industrielles avec 5,078,132 assurés et 4,859,648 exploitations agricoles avec 12,289,415 assurés.

Les dépenses se sont élevées en 1892 aux chiffres suivants :

Indemnités pour cause d'accidents. . . . . 29,006,465 M 22

Frais d'administration (dépenses ordinaires) 5,378,467 88

Frais d'instruction (tribunaux arbitraux, procédure),
  mesures pour éviter les accidents. 1,960,605 48

Suites d'anciens contrats d'assurance acceptés. . . 3,728 55

Versés au fonds de réserve. 12,590,338 68

          Total. 48,939,605 81

Les recettes se sont montées à 60,103,900 76

Le fonds de réserve atteint actuellement 85,4:0,506 marks.

Ces chiffres s'appliquent aux corporations industrielles et agricoles, mais ne comprennent pas les assurances dont les États, les provinces et les communes se sont chargés directement envers leurs employés et ouvriers. Le nombre des autorités chargées de l'exécution (remplaçant les comités directeurs) est de 348, (ce sont généralement les chefs de service), le nombre des tribunaux arbitraux de 334, celui des représentants des ouvriers de 1,576, celui des personnes assurées de 646,733. On a dépensé en indemnités 2,892,075 marks 70, en frais d'administration 6,863 marks 59 (1), en frais d'instruction 58,102 marks 49, ensemble 2,957,941,78.

Enfin, il y a encore les entreprises de construction qu'on a combinées en 13 « institutions d'assurance » et qui présentent les chiffres suivants : Indemnités, 440,737 marks 07 ; administration, 257,845 marks 56 ; instruction, 15,113 M. 50 ; fonds de réserve, 149,450 marks 34 ; ensemble, 863,146 M. 47. Les recettes se sont élevées à 2.946,508 marks 13 ; reste 2,083,361 marks 66 ; le montant total du fonds de réserve est de 522,226 marks 72.

Le total général des indemnités payées a été de 32,340,178 M. en 1892, 26,426,377 en 1891, 20,315,319 en 1890, 14,464,303 en 1889, 9,681,447 en 1888, 5,932,930 en 1887 et 1,915,366 m.

---

(1) Ce ne sont que des frais spéciaux, les fonctionnaires et employés recevant leurs traitements sur les fonds généraux.

en 1886. On ne reproduit ces chiffres que pour mémoire, car ils ne sont pas comparables.

Le nombre des accidents déclarés ou indemnisés s'est élevé, en 1892, aux chiffres suivants :

	Accidents déclarés.	Accidents indemnisés.
Auprès des associations professionnelles	215.139	51 850
Auprès des États, provinces, communes	19.687	2.977
Auprès des entreprises de construction	1.539	827
	236.265	55.654

Sur ces nombres, 5,911 accidents ont causé la mort et 2,644 une incapacité permanente de travail. Par suite des accidents mortels 3,947 veuves, 7,660 orphelins et 228 ascendants ont dû être secourus.

On comprend qu'il y ait beaucoup plus d'accidents que d'indemnités, puisque les accidents qui ne produisent qu'une incapacité de travail de 13 semaines et moins ne donnent pas lieu à indemnité. On a parlé de l'accroissement du nombre des accidents, cet accroissement ne paraît pas suffisamment établi. Il ne s'applique pas du tout aux cas de mort, ni même à l'incapacité totale de travail; tout au plus pourrait-on prétendre que les légers accidents augmentent -- malgré ce qu'on fait pour les éviter; mais il faudrait une expérience plus large pour se prononcer en connaissance de cause. On simule plus facilement des maladies que des blessures sérieuses.

34

Nous allons maintenant donner la liste des corporations ou associations professionnelles de l'industrie avec les renseignements les plus importants qui concernent l'année 1892 :

NOMS DES CORPORATIONS.	Nombre des exploitations.	Nombre des assurés.	Montant des salaires qui comptent (1).	Nombre des accidents indemnisés.		Dépenses totales (2).	Recettes totales (2).
				Des années antérieures.	De l'année.		
			Marks.				
1. C. des mines et minières.	1,992	424,440	379,578,723	11,789	4,182	7,297,273	7,884,790
2. — des carrières.	15,709	252,800	83,526,992	3,728	1,160	1,730,835	2,050,963
3. — de la mécanique de précision.	2,512	64,527	56,500,324	613	200	281,835	372,233
4. — du fer et de l'acier de l'Allemagne du S.	7,821	105,582	85,573,913	2,398	717	928,809	1,007,926
5. — du fer et de l'acier de l'Allem. du S.-O.	368	32,002	27,922,144	582	218	346,445	379,745
6. — des usines et lam. du Rhin et de la W.	256	89,458	95,661,224	2,659	880	1,386,957	1,488,144
7. — des fab. de mach. etc. du Rh. et de la W.	5,614	92,138	84,077,854	1,980	625	903,279	1,000,445
8. — du fer et de l'acier de la Saxe. . . .	3,343	71,509	60,045,307	1,569	516	576,449	705,788
9. — du fer et de l'acier du Nord-Est . . .	2,571	56,211	49,375,914	1,292	400	591,927	661,205
10. — du fer et de l'acier de la Silésie . . .	1,240	72,738	46,506,943	1,377	612	634,180	688,182
11. — du fer et de l'acier du Nord-Ouest. . .	3,609	78,112	66,815,747	1,803	619	832,802	956,706
12. — de la bijout. et quincail. du S. de l'All.	2,120	41,011	20,582,317	300	107	100,730	130,115
13. — de la bijout. et quincail. du N. de l'All	2,208	59,635	47,137,718	607	211	269,344	334,307
14. — des instruments de musique.	828	22,267	15,898,528	170	47	86,567	95,178
15. — de la verrerie.	720	65,618	38,128,211	468	166	232,855	271,967
16. — de la poterie.	920	59,962	40,600,734	333	100	152,315	199,984
17. — de la briqueterie.	12,743	252,959	102,225,690	2,257	697	988,933	1,123,545
18. — des produits chimiques.	5,393	103,020	85,077,716	2,182	600	1,372,704	1,373,969
19. — des usines à gaz et distribution d'eau.	1,160	27,660	27,505,167	432	125	289,024	362,214
20. — de l'industrie linière.	422	41,197	22,923,658	535	129	139,769	143,117
21. — de l'industrie textile du Nord.	2,080	117,293	66,867,080	1,120	249	361,939	413,867
22. — de l'industrie textile du Sud de l'All	916	80,645	46,298,235	807	202	222,824	262,292

(1) On ne compte que le tiers du salaire qui dépasse 4 marks. — Nous supprimons les centimes dans cette colonne.

(2) Nous supprimons les centimes (pfenninge).

NOMS DES CORPORATIONS.	Nombre des exploitations.	Nombre des assurés.	Montant des salaires qui comptent (1).	Nombre des accidents indemnisés.		Dépenses totales (2).	Recettes totales 2).
				Des années antérieures.	De l'année.		
			Marks.				
23. C. de l'industrie textile de la Silésie . . .	423	43,169	18,954,008	437	112	109,090	132,403
24. — de l'industrie textile de l'Alsace-Lor. .	402	60.240	36,672,250	602	217	208,601	249,035
25. — de l'industrie textile du Rhin et de W.	2,028	109.020	72,640,597	1,018	263	379,353	472,351
26. — de l'industrie textile de la Saxe. . . .	3,081	153.135	82,717,054	1,277	308	351,189	.395,043
27. — de la soie	678	43.672	28,625,304	155	34	55,752	75,144
28. — de la papeterie	1,283	58.792	34,500,795	1,646	420	592.638	669,724
29. — des industries s'appliquant au papier. .	2,172	63.632	44,721,486	522	159	193,048	313,584
30. — de l'industrie du cuir.	2.384	47.005	37,699,391	620	168	273,470	318,695
31. — du bois de Saxe	2,922	20.474	13,540,048	480	121	170.707	195,488
32. — du bois de l'Allemagne du Nord. . .	21,354	136.988	95,938,139	3,782	1,288	1,399,352	1,515,451
33. — du bois de la Bavière.	3,860	21.769	15,863,081	855	247	286,946	296,145
34. — du bois du Sud-Ouest de l'Allemagne	7,119	36.810	20,207,208	712	181	246,856	248,334
35. — de la meunerie	37,828	86.995	53,511,463	2,443	709	1,092,273	1,362,730
36. — des industries alimentaires.	12,808	61.205	43,458,346	884	288	335,332	344,981
37. — de la sucrerie.	461	98,870	40,544,447	1,589	414	622,761	703,016
38. — de la distillerie.	8,108	41.843	27,367,488	858	266	391,270	484,899
39. — de la brasserie	5,728	76,823	74,012.363	2,695	1,633	1,632.242	1,732,705
40. — des tabacs	4,587	·107.468	53,482,021	119	59	74,308	117,184
41. — de l'industrie du vêtement	2,999	106.071	60,5 0,340	512	160	170,125	183,888
42. — des maîtres ramon. de l'empire d'All.	3,249	5.887	3.556.866	43	19	44,440	70.339
43. — de l'industrie du bâtiment de Hambourg	9,190	46.468	36,973.285	882	316	586,087	716,904
44. — de l'industrie du bâtiment du N.-E. .	18,129	165,443	104,761,662	3,003	1,504	1,432,754	1,432 754

NOMS DES CORPORATIONS.	Nombre des exploitations.	Nombre des assurés.	Montant des salaires qui comptent (1).	Nombre des accidents indemnisés.		Dépenses totales (2).	Recettes totales (2).
				Des années antérieures.	De l'année.		
			Marks.				
45. C. de l'industrie du bât. de la Sil. et de P.	7,446	75,714	34,367,051	1,438	467	627,830	636,172
46. — de l'industrie du bât. du Hanovre. . .	13,627	110,542	41,760,137	986	328	555,090	614,372
47. — de l'industrie du bât. de Magdebourg.	5,771	87,835	25,060,977	641	181	262,316	362,316
48. — de l'industrie du bât. de Saxe . . .	10,370	99,954	59,032,109	1,389	428	665,167	665,167
49. — de l'industrie du bât. de Thuringe. . .	4,732	34,008	15,266,895	443	173	212,468	219,645
50. — de l'industrie du bât. d'Hesse - Nassau.	11,862	66,581	36,275,034	895	350	429,198	544,193
51. — de l'industrie du bât. du Rhin et de W.	17,317	111,622	71,485,037	1,763	604	1,066,478	1,094,953
52. — de l'industrie du bât. du Wurtemberg.	13,727	25,375	16,581,864	540	228	265,067	298,780
53. — de l'industrie du bât. de Bavière. . .	14,138	72,257	41,890,566	2,270	726	1,110,382	1,110,382
54. — de l'industrie du bât. du S.-O	8,587	40,906	25,034,740	736	262	393,174	406,468
55. — des imprimeurs.	4,469	74,075	63,815,242	398	132	184,462	222,944
56. — des chemins de fer privés	118	27,380	23,701,487	530	115	349,371	349,371
57. — des chemins de fer sur route (tramways).	198	31,838	16,337,907	262	63	143,730	173,531
58. — d'expédition et de magasinage. . . .	20,004	81,971	77,420,730	2,274	837	1,306,746	1,902,077
59. — de roulage ou charretage	26,595	67,685	45,296,741	1,778	688	1,125,805	1,272,592
60. — de la navigation intér. de l'Ouest. . .	3,247	12,069	11,249,571	287	102	204,256	242,888
61. — de la navigation de l'Elbe	4,958	19,724	13,906,100	358	161	233,168	266,777
62. — de la navigation de l'Est de l'Allem. .	8,099	22,236	9,907,795	290	85	133,589	172,379
63. — de la navigation maritime.	1,668	43,023	24.747,651	68	301	425,468	499,125
64 — des puisatiers et construct. de canaux	13,069	106,754	80,575,745	2,551	1,250	1,380,251	7,142,969
TOTAUX	415,335	5,078,132	3,292,782,432	84,579	28,615	41,550,442	52,122,591

D'après ces chiffres, la moyenne des salaires serait de
650 marks (822 fr. 50) environ, mais on se rappellera qu'on
ne compte pas en entier les salaires qui dépassent 4 marks
par jour, mais seulement 4 marks + 1/3 du surplus. Le
tableau ci-dessus donne une idée de la répartition des
ouvriers entre les différentes industries.

35

On a beaucoup parlé des frais d'administration, voici sur
ce point quelques indications sommaires empruntées aux
comptes de 1892.

Les frais courants se sont élevés :

1° *Par tête d'individu assuré :* à moins de 50 pfennings
(62 centimes 1/2) dans 13 corporations ; de 50 pf. à 1 mark
dans 29 corp.; de 1 à 2 marks dans 18 corp.; de 2 à 3 dans
3 corp.; au-dessus de 3 *M.* (3 *M.* 37) dans 1 (celle des fumistes). Moyenne générale 0 *M.* 83.

2° *Par 1,000 M. de salaire comptés :* à moins de 1 *M.* dans
22 corp.; de 1 à 2 *M.* dans 30 corp.; de 2 à 3 *M.* dans 9 corp.; à
plus de 3 *M.* (maximum 5 *M.* 57) dans 3 corp. Moyenne générale 1 *M.* 28.

3° *Par exploitation ou établissement :* à moins de 10 *M.*
dans 29 corp. (minimum 2 *M.* 76, la navig. intérieure) ; de
10 à 50 *M.* dans 27 corp.; de 50 à 100 dans 4 corp.; au-dessus
de 100 dans 4 corpor. (savoir : les usines de Westphalie
147 *M.* 69, les mineurs 140 *M.* 45, les chemins de fer privés
136 *M.* 01, les fabriques de sucre 128 *M.* 55. Moyenne générale 10 *M.* 18.

4° *Par accident indemnisé :* à moins de 10 *M.* dans 3 corp.
(minim. 3 *M.* 16 dans la corp. des usiniers de Westphalie) ; à
10 — 50 dans 46 corp.; à 50 — 100 *M.* dans 14 corp.; à plus de
100 dans 1 corp. (celle des fumistes, 225 *M.* 33). Moyenne générale 25 *M.* 63.

Passons aux associations professionnelles agricoles. Il ne

parait pas utile d'en donner la liste, car il ne s'agit pas d'industries différentes, mais seulement de territoires grands et petits, au nombre de 48, qui répondent à des États ou à des provinces. On peut donc se borner à reproduire les totaux. Il y a 4,859,628 exploitations avec un ensemble de 12,289,415 assurés. On ne peut indiquer le montant des salaires, car il n'est pas relevé, on n'en a pas besoin, les cotisations étant généralement réparties sous la forme de centimes additionnels à la contribution foncière. Le nombre des accidents indemnisés a été en 1892 de 23,231 et il en restait des années antérieures 29,094. Total des recettes en 1892 8,062,049; total des dépenses 7,469,903.

CHAPITRE IV. — L'ASSURANCE CONTRE L'INFIRMITÉ ET LA VIEILLESSE.

36

La plus importante des lois allemandes sur l'assurance ouvrière est peut-être celle du 22 juin 1889 qui institue les pensions de vieillesse et d'infirmité, ou d'invalidité, comme on dit en Allemagne. Jouir d'une pension dans le cas d'incapacité de travail a été, en tout temps, et en tout pays, un desideratum, même un vœu ardent pour ceux qui ne possèdent d'autre revenu que celui qu'ils gagnent par le travail de leurs mains... ou de leur tête Il existe, sans doute, et depuis longtemps, un moyen de se procurer cette pension, c'est l'assurance ; mais on ne l'obtient pas sans des efforts sérieux, disons, sans des privations quelquefois assez dures, surtout si l'on désire acquérir une pension suffisante. Peu de personnes ont la force de caractère nécessaire pour s'imposer ces privations ; d'autres, et non sans quelque raison, trouvent l'effort presque hors de proportion avec le résultat ; d'autres encore sont dans des positions si précaires et si étroites qu'elles ne peuvent réellement rien prélever sur leur modique gain actuel, dans l'intérêt d'un lointain avenir plein d'aléas. Il en résulte des souffrances à la fois morales et matérielles, et souvent un découragement qui porte les âmes faibles à vivre au jour le jour, sans se donner la peine de chercher à atteindre les avantages qui leur seraient peut-être accessibles.

Cette situation, ou plutôt le mécontentement qui en résulte, a été exploitée par les socialistes modernes. Je ne veux nullement soutenir qu'aucun d'eux n'ait eu du cœur ; il en est qui ont compati aux misères de leur prochain, qui ont cherché de bonne foi à remédier aux maux qui affligent tant d'hommes et attristent les témoins de leurs malheurs ; mais les socialistes ne comprennent pas dans leurs rangs que ces hommes d'élite. Beaucoup d'autres membres du parti, surtout depuis la généralisation du suffrage universel, ne voient, dans la disproportion entre les aspirations du grand nombre et les moyens que la nature des choses offre pour les satisfaire, qu'un tremplin dont leur ambition se sert sans vergogne. Ces meneurs socialistes ont ainsi intérêt à exciter, à étendre, à envenimer le mécontentement, et en cela ils peuvent réussir, et assez aisément, la majorité des hommes étant naturellement mécontents, et même envieux. Mais où les socialistes ne peuvent pas — ne pourront jamais — réussir, c'est dans la réalisation de leurs promesses d'améliorer le sort de leurs adhérents, au point de les faire participer à toutes les jouissances de ce monde. La terre ne peut donner, à tous ses enfants, que le nécessaire, un petit nombre d'hommes seulement pourra le dépasser. Ainsi, il n'y a pas, sur la terre, assez de chevaux pour que tout le monde roule carrosse. Beaucoup d'autres biens sont encore plus rares. Aucun système social n'y changera rien. La suppression de la propriété individuelle n'enrichira personne, et la nationalisation des moyens de production réduirait considérablement l'efficacité du travail, on peut dire, sa fécondité.

La réduction des heures de travail non plus ne saurait être un moyen d'enrichir les populations si denses, si serrées, qui remplissent les pays civilisés. Quel est, en effet, le principal argument donné en faveur de la réduction ? Je dis : le principal, les autres ne sont que des fioritures ? C'est que, dit-on, si chacun travaillait un peu moins, il resterait de la besogne rétribuée pour la multitude de ceux qui actuellement ne trouvent pas à s'occuper (1). Travailler moins, ce n'est pas augmenter la somme des produits, c'est seulement réduire les parts. Ainsi nous n'attendons aucun effet utile des propositions collectivistes.

Ce que les socialistes ne peuvent pas, le Gouvernement le peut-il ? — Entendons-nous : les socialistes promettent l'impossible, et l'impossible un gouvernement ne le réalisera pas plus qu'eux ; mais un gouvernement peut se flatter, non de rendre tout le monde heureux, mais d'améliorer la position des citoyens le moins à l'aise ; ne tient-il pas les forces sociales dans sa main ! — Le Gouvernement allemand, à la suite des événements dont il a été question dans un chapitre antérieur, s'est proposé de réaliser les vœux raisonnables de ceux auxquels le sort n'a pas été favorable, en leur refusant les qualités nécessaires pour soutenir avec avantage la lutte pour la vie. Ce gouvernement a donc, par une série de lois, réorganisé l'assurance contre la maladie, en étendant, on peut presque dire, en généralisant, l'obligation ; il a créé ensuite l'assurance contre les accidents, en l'appliquant

(1) Le mot « multitude » est certainement une exagération, mais c'est ainsi que la chose est présentée. En temps ordinaire, et selon les industries, les « sans-travail » représentent 5 à 6 p. 0/0 des ouvriers. Leur participation au travail ne pourrait que rendre les parts (non le taux, mais le montant des salaires) plus petites. Du reste ce ne sont pas les meilleurs ouvriers qui chôment.

partout où elle peut rendre des services ; puis il a institué la pension de vieillesse et la pension d'infirmité. Cette législation est en vigueur depuis le 1er janvier 1891 et ne ressemble en rien à la caisse de retraites pour la vieillesse fondée en France par la loi du 18 juin 1850, qu'il me semble inutile d'exposer ici ; je puis la croire connue. Je me bornerai donc à faire connaitre l'institution allemande créée par la loi du 22 juin 1889.

37

Le gouvernement allemand en entreprenant de réaliser ce grand — on pourrait presque dire, — cet utopique desideratum de la pension universelle, n'ignorait pas qu'il se lançait dans l'inconnu, et qu'il courait des risques ; mais il le voulait fortement. Il y avait d'ailleurs un engagement pris, et ni la piété filiale (1), ni la politique ne permettaient d'y manquer. Une circonstance particulière, hâtons-nous de le dire, atténuait grandement les conséquences fâcheuses qui pouvaient résulter de l'attribution d'une pension à tout vieillard, à tout infirme, c'est que l'assistance obligatoire existe en Allemagne, et y est pratiquée avec une certaine largeur. J'ai pu m'en assurer dans mon récent voyage, et j'aurai l'occasion d'en donner quelques preuves. Il en est résulté de lourdes charges pour les communes, et des dépenses encore supportables pour l'Etat. Le gouvernement impérial pouvait se dire que les pensions allégeraient ces charges d'une manière très sensible, tout en ennoblissant, si l'on peut s'exprimer ainsi, le service rendu aux pauvres. En effet, l'assurance, en remplaçant l'aumône, relevait la dignité des secourus, le mendiant se transformait en rentier.

Les communes seront allégées, disais-je, c'est que l'as-

<hr>

(1) Guillaume II réalisait ainsi l'engagement pris par Guillaume Ier.

surance impose aux assurés le versement de cotisations,
de primes, dont le montant diminue d'autant les subventions
attribuées à l'assistance publique. Ce n'est pas tout. Il y a
pension et pension, et l'État, en se lançant dans des régions
inexplorées, n'a eu, du moins au début, qu'à restreindre les
pensions aux taux des secours distribués par l'assistance
publique, pour voir son risque se réduire à une somme qui
paraîtra aisément supportable. Quand on veut fermement
une chose, on trouve toujours des arguments en sa faveur ;
ayant évalué à cent millions de marks par an le maximum
de la charge que l'Empire aura à porter quand l'institution
sera en pleine activité — c'est-à-dire, dans 70 ans — on ne
s'effraya pas trop, et ferma les yeux à la probabilité mena-
çante de l'invincible tendance qu'auront tous les tribuns,
tous les démagogues — socialistes ou non — à demander
l'accroissement du taux de la pension. Quelle sera alors la
charge de l'Empire ?

Ce n'est pas l'unique question que l'avenir seul résoudra
avec compétence. Chaque pension est une rente viagère
qu'on aura à capitaliser. Ces capitaux, qui monteront à
plusieurs milliards, il faudra les placer ; ils feront concurrence aux capitaux formés par l'épargne courante, ainsi
qu'aux capitaux plus ou moins disponibles provenant des
épargnes antérieures. Aura-t-on pour eux un emploi utile,
lucratif ? Quel sera l'effet de la surabondance des capitaux ?
Il ne faudrait pas trop se fier au proverbe qui prétend
qu'abondance de bien ne nuit pas. Il y a trop d'exemples
du contraire.

38

On ne s'arrêta devant aucune objection et l'on passa
outre. Une fois décidé à créer l'assurance pour les cas de
vieillesse et d'infirmité on pensa en charger les associations
professionnelles dont nous avons fait la connaissance en

parlant de l'assurance contre les accidents (page 45). Mais ces corporations trouvèrent qu'elles avaient déjà assez de charges et de responsabilité et firent une active opposition au projet, ou plutôt à l'avant-projet de 1887. Il arrive, en effet, assez souvent que le gouvernement allemand publie un projet de loi pour tâter l'opinion, et le remanie ensuite d'après les indications de la polémique qu'il a soulevée, avant de le soumettre à la chambre. Les associations professionnelles n'en voulant pas, le gouvernement imagina les « établissements d'assurance » (Versicherungs-Anstalten) territoriales que j'aurai à décrire et qui ont une certaine ressemblance avec l'assurance agricole contre les accidents qu'on a fait connaitre dans le chapitre précédent. Mais avant d'entreprendre cette description, prenons connaissance de quelques uns des avis émis lors de la discussion publique préparatoire.

Le plus original dans sa simplicité, et le mieux étudié de tous, est celui de M. Richard Freund, actuellement directeur de l'Assurance contre l'infirmité (l'invalidité) et la vieillesse de Berlin. L'avis se trouve exprimé dans une brochure intitulée : *Die Centralisation der Arbeiterversicherung. (*La centralisation de l'assurance ouvrière) (1). Le titre de cette brochure indique clairement et très exactement ce que l'auteur propose, mais ne fait pas deviner le talent avec lequel il soutient ses vues. Ses raisons sont fondées sur l'économie des frais d'administration, sur le meilleur agencement des assurances et sur d'autres points qu'on trouvera clairement exposés dans la brochure, je dois me borner à y renvoyer. A l'occasion du projet de loi de 1894, cité au chapitre précédent, qui étend à la petite industrie l'assurance contre les accidents et — loin d'organiser cette petite industrie en associations professionnelles comme la grande —

______

(1) Berlin, librairie J. J. Heine, 1888. M. Freund a publié encore d'autres brochures, toutes très substantielles et très suggestives, sur les assurances et sur l'assistance publique.

propose de lui faire servir l'assurance par des associations régionales, (1) M. Freund publie dans les *Blætter für sociale Praxis* (numéro du 19 juillet 1894), un nouvel article en faveur de son système. C'est à regret que je m'abstiens d'analyser ce remarquable travail, l'auteur donne des raisons très dignes de considération et très pratiques pour la réunion des assurances contre la maladie, les accidents, la vieillesse et l'invalidité et pour en faire des institutions régionales centralisées ; mais il n'a peut-être pas assez tenu compte du fait, que les choses sociales ne sont pas simples, mais très compliquées. Or son système implique la suppression des associations professionnelles, que la grande industrie tient avec raison à conserver, et comme le projet de loi de 1894 précité semblait les inquiéter, le ministre, M. de Bœtticher les a rassurés sur ce point au congrès de Dresde, en juin 1894 (2), de sorte que les vues de M. Freund ne sont pas près d'être réalisées. Il convenait seulement de les mentionner pour en fixer la date, car on ne sait jamais ce qui peut arriver.

Du reste, pour montrer combien peuvent être différents les points de vue, je citerai une brochure de M. Ernest Hirschberg, *Die Trennung der Alter und Invaliden-Versicherung* (3) qui plaide la séparation de l'assurance contre l'invalidité de l'assurance contre la vieillesse, non sans présenter des arguments sérieux. Mais il y a aussi des arguments contraires. Toute cette législation est un tissu de compromis, comme la vie sociale en impose souvent, tant aux individus qu'aux gouvernements.

39

Voici donc à quelle organisation le projet modifié du

---

(1) Librairie Siemenroth et Worms à Berlin.
(2) Bericht über den VII ten Berufsgenossenschafts-Tag.
(3) Berlin, Puttkammer et Mühlbrecht 1889.

Gouvernement a abouti, après avoir subi l'épreuve de la di cussion parlementaire. On a créé des « établissements d'assurance », ou des unités d'assurance, pour la vieillesse et l'invalidité, composés d'un Etat (allemand) ou d'une province, ou d'un groupe de circonscriptions, en un mot d'un territoire, d'une région. Les gouvernements des Etats fédérés se sont entendus pour délimiter ces territoires, et ils ont ainsi formé trente et un « établissements d'assurance », disons trente et une *Assurances*, tout court. Les treize provinces de la Prusse (1) comptent pour autant d'assurances ; puis viennent huit circonscriptions administratives bavaroises ; ensuite la Saxe royale, le Wurtemberg, Bade, Hesse, les deux Mecklembourg, Oldenbourg, Brunswick, Alsace-Lorraine, se sont constitués en assurances territoriales; les petits Etats de la Thuringe ne forment ensemble qu'une seule assurance, il en est de même des trois villes hanséatiques. Dans chacun de ces territoires les habitants qui entrent dans l'une des catégories fixées par la loi, sauf exceptions, font partie de « l'établissement d'assurance », *qu'on doit considérer comme une mutualité*, bien qu'un puriste pourrait trouver à redire à l'emploi de ce mot. Les exceptions à cette règle d'attribution territoriale, s'appliquent à certains fonctionnaires et à certaines institutions présentant des garanties spéciales. C'est ainsi que les caisses de pension des chemins de fer de Prusse, de Bavière, de Saxe, Bade, Alsace-Lorraine et trois caisses de retraite des mineurs, ainsi que quelques administrations spéciales, ont été admises pour faire fonction d'assurance ; mais il ne me semble pas qu'il y ait à s'arrêter sur ces particularités, que nous retrouverons d'ailleurs plus loin. Revenons aux trente et une assurances régionales, qui sont autant d'établissements publics.

---

(1) Ou plus exactement : les 12 provinces et Berlin font 13 assurances.

40

Chacune de ces assurances a un directeur ou plutôt un comité directeur, le mot allemand Vorstand s'appliquant plutôt à une autorité collective. En fait, il y a généralement un directeur assisté d'un représentant des patrons et d'un représentant des ouvriers, mais ces deux derniers ne siègent pas, comme le directeur, d'une manière permanente. Le directeur est nommé par le Gouvernement si l'assurance embrasse tout le territoire d'un Etat, et par la représentation provinciale (conseil général) si elle ne s'étend que sur une province. Le directeur — ou les directeurs, car les Etats ou les conseils provinciaux peuvent en installer plusieurs — ont les pouvoirs et les droits d'une autorité publique. Les attributions de la direction d'une assurance se résument en cette triple mission :

1° De correspondre au nom de l'établissement avec l'autorité supérieure ;

2° De le représenter vis-à-vis des tiers et devant les tribunaux ;

3° De diriger l'administration intérieure.

Les statuts ont une grande latitude relativement à la manière de former la direction, et les statuts sont rédigés par la commission dont il va être question.

Nous avons vu que le ou les directeurs sont nommés, soit par l'Etat, soit par un conseil, et quoique ce conseil soit électif, les directeurs représentent l'autorité publique. Mais il faut que les administrés soient également représentés : c'est la tâche de la commission (*Ausschuss*). Cette commission se compose, en nombre égal, de patrons et d'ouvriers, au minimum de cinq membres de chaque catégorie ; j'ai sous les yeux des statuts qui prescrivent de le former de quinze patrons et quinze ouvriers (ou employés). Cette commission est élue pour cinq ans par les directeurs ou administrateurs des caisses de maladie suivantes : caisses (professionnelles), locales, caisses de fabrique, caisses de construction, de corporation, de mineurs, de marins. On voit que cette énumération ne comprend ni les caisses libres, ni les caisses communales ; cependant ces dernières interviennent dans certains cas. L'opposition a beaucoup blâmé l'exclusion des caisses libres, et mon premier sentiment avait été d'en faire autant ; mais, après réflexion, j'ai trouvé que les caisses libres sont administrées uniquement (ou presque uniquement) par des ouvriers, elles ne pouvaient donc pas fournir leur part de patrons.

Cette Commission composée de patrons et d'ouvriers en nombres égaux constitue l'Assemblée générale de « l'établissement d'assurance ». Elle rédige et modifie, s'il y a lieu, les statuts ; nomme les assesseurs, patrons et ouvriers, des tribunaux arbitraux ; examine les comptes annuels, décide s'il y a lieu à réassurance et, s'il n'y a pas de conseil de surveillance, elle contrôle l'administration et la gestion du directeur. La création d'un conseil de surveillance est facultative ; elle devient obligatoire si la direction ne comprend pas des assesseurs patrons et ouvriers. Récapitulons maintenant les différents organes des établissements d'assurance contre la vieillesse et l'invalidité. Il y a :

1. Le directeur, ou le comité-directeur, pour l'exécution ;

2. La Commission, pour délibérer. Certaines de ses décisions ont besoin de l'approbation du directeur (ou du comité-directeur).

3. Le Conseil de surveillance pour surveiller la gestion lorsque la direction est confiée à un seul directeur ; quand ce dernier est assisté de représentants élus des patrons et des ouvriers, ce conseil est facultatif, c'est-à-dire superflu. Il ne parait d'ailleurs pas en exister (1).

4. Enfin il y a les délégués locaux, dits hommes de

(1) La statistique que nous reproduisons à la fin du chapitre n'en indique pas.

confiance, nommés par le directeur et pris tant parmi les patrons que parmi les ouvriers.

On reproche à la Commission, qui représente l'Assemblée générale, de ne pas être élue par le suffrage universel et direct des intéressés. Ce reproche est fondé. Le corps électoral est même peu nombreux, mais il se compose d'une élite, les administrateurs des caisses de maladie. Le législateur aura pensé que cette élite fera de meilleurs choix que le suffrage universel, qu'on désire ardemment tant qu'on ne l'a pas, et dont on se plaint amèrement quand on le possède.

Je n'ai compris parmi les organes des assurances, ni les tribunaux arbitraux composés d'un président pris parmi les fonctionnaires publics et d'assesseurs patrons et ouvriers en nombre égal, ni le commissaire de l'État (ou du gouvernement) qui assiste aux séances avec voix consultative et qui doit veiller aux intérêts des absents.

41

Nous connaissons maintenant l'organisation de « l'établissement d'assurance », et notamment, ceux qui l'administrent ; nous allons voir maintenant qui est assuré, ou plutôt, qui est assujetti à l'assurance.

Est assujetti à l'assurance, en vertu du § Ier de la loi du 22 juin 1889, et à partir de l'âge de 16 ans accompli, tout ouvrier, apprenti, domestique travaillant pour un salaire ou des gages ; puis les employés d'exploitation, les aides et apprentis du commerce dont le traitement ne dépasse pas 2,000 marks ; ensuite les marins et les bateliers. Ces personnes sont assurées de droit, qu'elles le veuillent ou non, à la fois contre la vieillesse et l'invalidité. Les dispositions de cette loi — comme des autres qui concernent l'assurance — s'appliquent aux deux sexes, quel que soit l'état civil des personnes, et ne distinguent pas entre nationaux et étrangers. Il est superflu d'ajouter que ni la religion, ni la couleur de la peau, ni telle autre circonstance qui sépare les hommes, n'exercent une influence sur l'assurance.

Le § 2 autorise le conseil fédéral (c'est ce conseil qui rédige les règlements d'administration publique (1) à étendre la loi en l'appliquant à certaines professions, ainsi qu'aux entrepreneurs qui n'occupent pas habituellement au moins un ouvrier et à l'industrie domestique (2) qui travaille pour des entrepreneurs ; le Conseil peut, selon les cas, imposer à ces derniers les versements qui incombent aux patrons. Je passe de nombreuses distinctions, qui entrent dans les menus détails d'application, dont la pratique ne peut pas se passer, mais qui ne sont pas nécessaires pour l'intelligence de la loi. Le § 4 exclut les fonctionnaires et employés qui jouissent d'une retraite, ainsi que les soldats qui travaillent pour l'armée pendant qu'ils sont sous les drapeaux. Ces derniers n'y perdent rien d'ailleurs, puisque le temps de service leur compte sans versements (voir page 98). Ajoutons que les employés de l'État ou des communes, dont la pension de retraite n'est pas plus élevée que la rente viagère qui leur est allouée par l'assurance, peuvent être admis, selon le cas, à cumuler les deux ressources (§ 4.). Le § 5 dispense de l'assurance les employés des chemins de fer et autres qui sont inscrits à une caisse de retraite particulière reconnue solvable (voyez page 90). Je passe ici encore quelques distinctions d'un intérêt restreint pour dire un mot de l'assurance volontaire (3).

Il y a, en effet, des assurés non assujettis (§ 8). Les petits entrepreneurs âgés de moins de 40 ans et qui ne sont pas affi-

---

(¹) Les compléments prévus d'une loi. Ne pas les confondre avec un règlement administratif.

(2) Même si elle occupe des ouvriers.

(3) On trouvera beaucoup de ces distinctions faites par la jurisprudence dans : *Revisionsentscheidungen*, par Richard Freund, docteur en droit, etc. (Berlin, chez Heine. 1893, in-12.)

gés d'une incapacité de travail *durable* (ou permanente) peuvent se faire inscrire, et tant qu'ils paient leur cotisation ils sont assurés. Ils sont nécessairement cotés à la 2ᵉ classe de salaire et leur pension sera établie sur ce taux. Nous donnons plus loin l'explication de ce classement (page 99).

On peut résumer tout ce qui précède sur les assujettis en disant que presque toutes les catégories de travailleurs intellectuels ou manuels, qui ne gagnent pas 2,500 francs et qui n'ont pas droit à une pension de retraite, sont assurés contre la vieillesse et l'infirmité ; on peut évaluer leur nombre à environ 12 millions d'individus des deux sexes. Il ne reste en dehors que les individus sans profession régulière ou ceux qui possèdent des ressources personnelles.

42

Parlons maintenant des frais de l'assurance. Ces frais sont couverts : 1° par les versements des assujettis ; 2° par ceux des patrons et 3° par une subvention de l'État : l'État donne une somme fixe annuelle, les patrons et les ouvriers ou employés chacun une cotisation hebdomadaire. La pension ou rente payée aux ayants droits est dans une certaine mesure proportionnelle aux salaires. Il y a deux sortes de rentes : celle qu'obtient l'invalide du travail, et celle qu'obtient le vieillard. Elles ont cela de commun, que l'intéressé ne peut pas la fixer à volonté, toutes les conditions ayant été arrêtées par la loi.

La rente d'invalidité est due à tout assuré, quel que soit son âge, qui a perdu sa capacité de travail autrement que par un accident donnant droit à pension. L'expression : incapacité de travail, surtout si l'on ajoute l'adjectif *durable*, est tellement vague, que la loi a essayé de la définir (1). Il y a in-

(1) Un auteur définit « durable » (une incapacité) qui paraît devoir être permanente.

capacité de travail, selon la loi, si l'état de santé intellectuel ou matériel de l'assuré ne lui permet plus de gagner une rétribution égale au sixième du salaire moyen qu'il a reçu dans les cinq dernières années, plus un sixième du salaire moyen annuel d'un journalier dans la localité où il a travaillé en dernier (1). Ainsi, outre l'incapacité absolue, cette incapacité relative donne également droit à la pension d'infirmité. Mais aussi, il faut en prendre la définition légale dans le sens le plus strict ; donc, si l'ouvrier pris comme exemple

(1) Pour faire comprendre le système, il paraîtrait suffisant de présenter l'exemple suivant : Un ouvrier a gagné en moyenne annuellement, mettons, 1.200 *M.*, sixièmes 200 *M.*, le salaire moyen du journalier est, supposons, évalué à 600 *M.*, sixième 100 *M..* — Or 200 et 100 font 300, l'ouvrier en question est donc invalide s'il ne gagne pas plus de 300 *M.* Mais ce serait trop simplifier, empruntons un autre exemple à M. Max Hirsch. « Pour le tourneur O. F. de S. on a fait dans les 5 années 235 versements hebdomadaires correspondants au montant de son salaire, savoir : pour 150 semaines, selon la classe de salaire III au taux (moyen) de 720 *M.* ; 50 semaines selon la classe IV au taux de 960 ; 35 semaines, pendant lesquelles l'assuré faisait son service militaire ou était malade ont été compté au taux de la classe II. Cela fait :

35 semaines au taux de salaires	500 *M.*	=	17.500	marks
150	—	—	—	720 —	= 108,000 —
50	—	—	—	960 —	= 48,000 —
235				Total. . . . 173,500	marks

Les 173,500 *M.* divisés par les 235 semaines donnent un taux moyen de 738 *M.* 30, dont le sixième est 123.05
Le salaire moy. ann. d'un journalier est à S. de 300 *M.*, soit. 50.00
Total des deux sixièmes. . 173.05

(Le salaire moyen du journalier a pour but d'indiquer la cherté relative des vivres dans la localité.)

Si donc O. F. ne gagne plus que 173 *M.* 05 par an, il est invalide. — Les classes de salaire sont les mêmes pour les femmes que pour les hommes, mais la taux moyen du salaire de la journalière est plus bas.

gagnait 301 *M.* au lieu de 300, il ne serait pas invalide. Si l'infirmité ne semble pas devoir être permanente, mais dure déjà une année, l'impétrant peut recevoir la rente et la garder aussi longtemps que l'incapacité persiste. Dès qu'elle cesse, la pension est retirée. On reproche à cette disposition de laisser une lacune dans la série ou la suite des secours qu'un infirme peut recevoir. En effet, il n'est à la charge des caisses de maladie communale que pendant 3 mois, mais il lui en faut 12 pour acquérir un droit, au moins provisoire à une pension, il reste donc 9 mois sans ressources. On peut répondre que les autres caisses de maladie sont autorisées à secourir leurs malades pendant une année entière ; quant à la commune, elle peut se tirer d'affaires en continuant le secours au nom de l'assistance publique. La solution de continuité qui vient d'être signalée semble indiquer, d'une part qu'on a voulu prendre des mesures contre les abus, surtout la simulation, et de l'autre, qu'on n'a pas perdu de vue la relation intime qui existe entre cette assurance et l'assistance publique. — Le § 11 déclare que celui qui s'est rendu infirme volontairement, ou qui l'est devenu en commettant un crime, n'a pas droit à pension.

Nous avons constaté qu'on peut devenir invalide à tout âge ; pour les vieillards la loi fixe un terme : la pension ne peut être accordée avant l'âge de 70 ans révolues, mais elle est due lors même que la capacité de travail s'est conservée.

Seulement, tant pour l'infirmité que pour la vieillesse, il y a en outre deux conditions à remplir (§ 16 et 17) :

1° Il faut faire un stage ; il est normalement, pour l'invalidité, de 5 ans, et pour la vieillesse, de 30 années comptées d'après le nombre des versements.

2° Il faut avoir versé un certain nombre de cotisations.

Voici ce que la loi entend par *une année de versement.* Cette année ce compose de 47 (au lieu de 52) versements hebdomadaires de la cotisation. Le temps de maladie avec incapacité de travail compte pour autant de versements qu'il y a de semaines, la convalescence comprise, mais en tout une année au maximum. Le service militaire est également compté, mais en entier, sans que des versements aient été faits par l'assuré ; c'est l'Empire qui paie pour lui au taux de la 2ᵉ classe de salaire (§ 26, 28, 96). Cet avantage, l'exemption pour cause de maladie et de service militaire, n'est pas accordé aux personnes admises à s'assurer volontairement.

43

Nous avons maintenant à faire comprendre deux points fort compliqués : 1° la manière d'établir le montant des versements à faire, c'est-à-dire des cotisations ou primes à payer, et 2° la manière de calculer la rente ou pension due dans un cas donné. Nous les simplifierons autant que possible.

Commençons par les versements. Relativement à l'État, la chose est simple, il contribue à chaque rente pour une somme annuelle de 50 *M*. Autant de pensionnaires invalides ou vieillards, autant de fois 50 *M*. (62 fr. 50). Le reste est à la charge des patrons et ouvriers et dépend du montant des dépenses à couvrir car il faut joindre les deux bouts. Les cotisations pourront donc ne pas être les mêmes dans les 31 « établissement d'assurances », mais pour le moment, faute d'expérience, on fait abstraction de ces différences, ou plutôt on les compense et la loi fixe des chiffres normaux, valables pendant les 10 premères années ; cette période écoulée, on révisera les primes ou cotisations de 5 ans en 5 ans selon les résultats acquis. En déterminant le montant des cotisations, on tiendra compte des non-valeurs résultant des maladies, des frais d'administration (1), du fonds de réserve (2), des rembourse-

(1) Lors de la première fixation des versements hebdomadaires, on a évalué à 1 *M*. par tête les frais d'administration probables. Cela fait 12 millions par an que les assurés paient de ce chef.

(2) Le fonds de réserve (§. 21), doit être égal au 5ᵉ de la valeur en

ments à faire, et surtout de la valeur en capital des rentes qu'on aura probablement à payer. C'est qu'ici on ne procédera pas, comme pour les accidents, par voie de répartition, mais on constituera le capital de ces rentes (§. 20). C'est ce capital, placé au mieux des intérêts de l'institution, qui devra les produire. « L'établissement d'assurance » s'administrera donc lui-même (selfgovernment), mais l'on comprend que le gouvernement le surveillera.

Les versements des ouvriers — on peut ajouter : et ceux des patrons, car ce sont les mêmes — sont réglés d'après le montant du salaire annuel. Il ne s'agit pas d'un salaire réel, mais de chiffres moyens ou conventionnels répartis entre quatre « classes de salaire ». Voici ces 4 classes :

	Moyennes légales.
Classe I, 350 *M.* et au-dessous (437 fr. 50)	300 *M.*
— II, de plus de 350 à 550 *M.* (437 fr. 50 à 687 fr. 50) .	550 *M.*
— III, de plus de 550 à 850 *M.* (687 fr. 50 à 1,067 fr. 50).	720 *M.*
— IV, de plus de 850 *M.* (1,067 fr. 50)	960 *M.*

Le § 22 cherche à préciser certains cas (1), il suffit de dire qu'ici aussi le gain annuel d'un journalier (300 jours) est le taux minimum, mais que le patron et l'ouvrier peuvent s'entendre sur le montant du salaire à déclarer, donc ils peuvent en faire inscrire un autre, mais toujours supérieur au salaire réel, pourvu que le patron verse autant que l'ouvrier. Ce qui est défendu sous peine d'amende (*jurisprudence*), c'est que le patron verse moins que l'ouvrier, mais il est permis au patron de payer le tout et la loi semble l'y encourager. C'est en prenant pour base ces « classes de salaire » que le mon-

capital des rentes à payer, mais les statuts peuvent décider qu'on aille jusqu'au double. Tant que ce fonds n'aura pas atteint son taux normal, on ne pourra y toucher qu'avec le consentement de l'Office des assurances.

(1) Nous ne pouvons pas entrer ici dans tous les détails, on a dit, et non sans raison, que le législateur semble avoir compliqué les choses à plaisir.

tant probable des dépenses, fonds de réserve compris, doit être couvert par les cotisations de chaque « établissement d'assurance ». On peut fixer des taux différents pour les différentes industries (les risques n'étant pas les mêmes), mais dans l'intérieur d'une classe de salaire les cotisations doivent être identiques. Pour les 10 premières années, les cotisations hebdomadaires ont été fixées (§ 96), ainsi qu'il suit, sauf faculté, pour les établissements d'assurance qui n'y trouveraient pas leur compte (§ 97), d'en modifier les chiffres.

La cotisation hebdomadaire est:

Classe de salaire I, de 14 pfennings (1). .		(17 centimes 1/2)
—	II, de 20	—	. . .	(25 —)
—	III, de 24	—	. . .	(30 —)
—	IV, de 30	—	. . .	(37 — 1/2)

Le gouvernement allemand a publié les bases de ses calculs dans un Mémoire spécial.

C'est aux patrons (§ 112) à opérer les versements, mais (alinéa 2 du §.) ils peuvent en retenir la moitié sur le salaire des ouvriers. « Ils peuvent », cela n'implique-t-il pas l'insinuation de s'en abstenir? Un fabricant occupant 1,000 ouvriers, avec un versement de 30 pf. par ouvrier verserait 15,000 marks par an, la moitié qui lui incombe est déjà de 7,500 *M.* (9,375 fr.). S'il n'avait que cela de charges! mais il a encore l'assurance contre les accidents et les caisses de maladie. Il n'est pas probable que beaucoup de fabricants se soient chargés de la part de cotisation de leurs ouvriers.

44

Passons à la manière de calculer la rente (la pension). Ici il faut distinguer entre la rente des invalides et celle des vieillards. Celle des invalides se compose de sommes fixes, les

(1) Le pfenning est la centième partie du mark.

mêmes pour tous, et de sommes proportionnelles, 1° au salaires, 2° au nombre des versements, ou, ce qui est la même chose, à la durée du stage. Les sommes fixes se composent pour l'invalide :

1° Des 50 *M.* versés par l'Empire à titre de subvention ;

2° De 60 *M.* pris sur les fonds de l'établissement et provenant des assurés (c'est une sorte de préciput).

Cela fait ensemble 110 *M.* (137 fr. 50), point de départ de toute rente d'invalidité. Cette somme s'accroît, pour chaque assuré et par l'effet de chaque versement, dans les proportions suivantes :

```
Classe de salaire  I, de 2 pfenning par chaque versement.  (0 f. 02. 5)
   —         — (1) II,   6   —           —        —        (0   07. 5)
   —          —   III,   9   —           —        —        (0   10.25)
   —          —   IV,   13   —           —        —        (0   16.25)
```

Par conséquent, l'ouvrier O. F. que nous avons cité en note (page 96), s'il devenait invalide à la fin des 5 ans, aurait droit à une pension qui s'élèverait à 132 *M* 10, soir.

```
Subvention fixe de l'Etat . . . . . . . . . . . . .   50 M.  »
Prélèvement fixe de l'assurance. . . . . . . . . .   60     »
Pour 30 semaines à 6 pfennings (Classe II) . . . .    2    10
   — 150    —   à 9   —    ( —  III). . . .   13    50
   —  50    —   à 13  —    ( —  IV). . . .    6    50
                                              ________
                         Total égal . . . . . 132 M. 10
```

Cela fait, par an, 155 fr. 12 1/2 centimes. Je montrerai plus loin comment on saura combien de semaines l'assuré a travaillé aux différents taux (p. 104).

Pour les vieillards, la subvention fixe est également de 50 marks, mais il n'y a pas lieu au prélèvement, comme point de départ, de 60 *M.* sur les fonds de l'établissement d'assu-

(1) La Classe II est le minimum de ce qu'on peut considérer comme le salaire des *skilled labourers* (ouvriers ayant un métier).

rance, parce que les fonds ont 30 ans devant eux pour s'accumuler. La pension de vieillesse s'accroît dans la proportion suivante :

```
Classe de salaire I,    4 pf. par semaine (5 centimes)
   —        —   II,   6 —       —     (7 1/2)
   —        —  III,   8 —       —     (10)
   —        —   IV,  10 —       —     (12 1/2)
```

Prenons un exemple qui n'est pas emprunté à l'expérience, puisque la loi n'a encore que quatre années d'existence. Supposons un homme qui a versé sa cotisation (plus exactement : pour lequel des patrons ont versé des cotisations) pendant 40 ans (l'année à 47 versements) et qui aurait passé par plusieurs classes de salaire ; voici comment on compterait. 40 années c'est comme 1,880 versements (semaines), mais 1410 (30 années) seulement comptent pour la pension. Supposons les proportions suivantes pour les classes de salaire :

```
Subvention fixe. . . . . . . . . . . . . . . . . . .   50 marks
  330 semaines dans la 4ᵉ classe (33 ×10 pf). . .     33  —
  300     —       —     3ᵉ  —  (300×8 pf) . . .       24  —
  250     —       —     2ᵉ  —  (250×6 pf) . . .       15  —
reste 530 pour la 1ʳᵉ (en tout 1410) (530×4 pf) . . .  21   — 20
                                                      ─────────
            Montant de la rente. . . . . . .         143 M. 20
```

Le maximum de ce qu'un ouvrier pourrait obtenir, ce serait 50 M. + 1410 × 10 pf ou 141 M., ensemble 191 M. ou 238 fr. 75.

45

N'oublions pas de dire qu'il y a des cas où les versements (la part de l'ouvrier seulement) sont remboursés : 1° L'ouvrière (ou la domestique) qui se marie après avoir versé pendant 5 années a droit au remboursement de ses versements, mais en acceptant le remboursement elle perd ses droits à pension, car elle pourrait continuer à verser et jouir d'une pension. Elle n'est pas obligée d'accepter le rembourse, ment ; 2° Si un ouvrier meurt avant d'avoir joui de sa rente sa veuve ou ses enfants âgés de moins de 15 ans ont droit à la moitié des versements opérés *pour* lui (c'est sa part entière). De même si une femme ayant des enfants (même illégitimes) meurt dans le même cas (§ 31), les enfants obtiennent le remboursement.

A cause de la durée du stage, la loi a accordé des faveurs pour l'époque transitoire. Comme les premières 5 années de stage de l'invalidité, en même temps que l'époque transitoire, seront écoulées au 1ᵉʳ janvier 1896, il suffit de dire qu'on comptera, à ceux qui se présenteront en 1895, et qui n'auraient ainsi que quatre années de stage, une année sans versement pour compléter les cinq prescrites ; à partir de 1896 la règle légale exposée ci-dessus sera applicable à tout le monde. Quant à la pension de vieillesse, l'assuré âgé de 40 ans révolus et qui, dans les trois années antérieures à la mise en vigueur de la loi (au 1ᵉʳ janvier 1891) avait déjà été pendant 141 semaines (1) dans les relations de travail prévues par cette loi, voit la durée de son stage diminuée du nombre d'années et de semaines qui dépasse les 40 ans. Celui qui, au 1ᵉʳ janvier 1891 avait 60 ans, passait donc pour avoir déjà fait 20 ans de stage. Dix ans après, il pourra réclamer sa rente et pour l'établir, on calculera ainsi : subvention de 50 *M.* plus 20 semaines (autant que d'années ; chaque année de stage remise par la disposition transitoire ne compte que pour une semaine ou un versement) comme point de départ, puis 10×47 semaines pour les années de versement. Celui qui s'est présenté au 1ᵉʳ janvier 1891 avec les 70 années écoulées, a été accepté, mais il n'avait droit qu'aux 50 *M.* de la subvention plus trente versements. Pour ces années de stage fictif on compte la première classe de salaire, soit la plus pe-

---

(1) 3 × 47 = 141 semaines ou trois années.

tite (1). Si l'on n'avait pas accordé cette faveur, la loi ne serait entrée en vigueur qu'au bout de 30 ans, ce qu'il fallait à tout prix éviter, du moins au point de vue politique. Du reste ces faveurs constituent une charge pour les « établissements d'assurance », et le § 160 en tient compte, puisque, pendant 15 ans il suppose des versements qui n'ont pas été faits.

46

Nous arrivons maintenant à une particularité qui a soulevé bien des clameurs, mais dont la nécessité ressortira clairement, je l'espère, des détails très succincts dans lesquels je vais entrer. Il s'agit des « cartes de quittance » (§ 101 et suiv.) et du collage des timbres mobiles.

La nécessité de pouvoir prouver qu'on a opéré ses versements et quel en a été le montant, paraît évidente ; il faut encore pouvoir préciser l'endroit où le paiement a été fait, car chacun des 31 « établissements d'assurance » (sans parler des « caisses » admises comme établissements d'assurance) est un tout séparé, une individualité, une institution distincte ayant ses intérêts propres. On avait d'abord pensé à un livret, comme pour les caisses d'épargne ; mais c'eût été un nouveau livret d'ouvrier, avec la circonstance aggravante de pouvoir en induire des notions sur la conduite du porteur, et, ce qui avait aussi sa gravité, ce livret pouvait se perdre. On a donc imaginé de se servir de « timbres de quittances » qui seraient collés, par les soins du patron, sur des cartes annuelles, divisées d'un côté en cinquante-deux petits carrés destinés à recevoir un timbre mobile. Dans un des coins, un espace a été réservé pour la récapitulation du

(1) Cela fait donc 50 + (80 × 4 pf =) 1 *M*. 20, soit 51 *M*. 20.

nombre de semaines (ou plutôt des versements) (1) par classe
de salaire, et en même temps pour l'indication de la durée
des maladies et celle du service militaire qui comptent
comme versements (§ 102). Le verso de la carte indique
le nom, etc. de l'assuré avec le numéro d'ordre (si c'est la
première, deuxième, troisième carte qui est remplie), le nom
de l'établissement d'assurance intéressé, enfin la reproduc-
tion des dispositions légales et réglementaires nécessaires
(par exemple les §§ 108, 146, 151 de la loi du 22 juin 1889).

Les timbres indiquent à la fois la classe de salaire (I, II,
III, IV) et l'établissement d'assurance ; ainsi, dans le spécimen ci-après on voit ressortir le mot BERLIN (ou Brandebourg,
Saxe, etc.). Les timbres sont différenciés par la couleur
autant que par les dessins et les inscriptions ; on les achète
aux bureaux de poste, et même ailleurs si la direction de
l'assurance juge utile d'instituer des bureaux de vente plus
nombreux. C'est le patron, en général, qui fait le collage,
puisque c'est à lui à verser, pour ses ouvriers, la cotisation
prévue par la loi sauf à s'en faire rembourser la moitié,
ou plutôt à la retenir sur les salaires. On sait que la cotisation est commune au patron et à l'ouvrier et qu'elle correspond à une classe de salaire. Le patron ne doit porter sur la
carte aucune annotation sur la conduite de l'ouvrier, sous
peine de 2,000 *M.* d'amende et de 6 mois de prison (§ 108 et
151). L'ouvrier peut se faire remplacer la carte ainsi maculée.
La caisse de maladie peut dans certains cas être admise à
opérer les versements, en se faisant rembourser par qui
de droit. La « carte de quittances » est remise à la fin de
l'année à l'autorité désignée qui annule les timbres (2), fait la

______

(1) Le texte allemand dit toujours : « Semaine de versement »,
Beitragswoche, parce qu'une semaine sans versement ne compte pas, sauf
en cas de maladie et de service militaire.

(2) Le patron peut les annuler lui-même, en portant sur le timbre la
date du jour du collage.

récapitulation et en inscrit les résultats en tête de la nouvelle carte qu'elle délivre. La carte remplie doit être adressée au service central de l'établissement d'assurance, qui la conserve. Les collections de ces cartes remplissent de grandes salles et les différents établissements ont imaginé des moyens souvent très ingénieux pour retrouver rapidement les cartes de chaque assuré. Il y a des classements par date, par ordre alphabétique, etc. C'est qu'il faudra en conserver pour certains individus depuis l'âge de 16 ans jusqu'à l'âge de 70, soit pendant 54 ans. Elles sont en carton assez mince et de couleur jaune.

Voici ce spécimen. Les pages 108 et 109 représentent le recto de la carte, les pages 107 et 110 le verso. Nous n'avons pas reproduit à la page 110 les articles de la loi servant d'instruction.

Établissement d'assurance ·. . . . . , ...

Émis par . . . .

Cette carte doit être échangée contre une autre à la fin de l'année. . . .

CARTE DE QUITTANCE N°

Nom et prénom. . . . . , ...

Profession . . . .

Né. . . le. . . . . année. . . . .

à. . . . . , . . . arrondissement . . . .

canton . . . .

 I Berlin 14 PF	2	3	4
9	10	11	12
17	18	19	20
 20 PF II Berlin	26	27	28
29	30	31	32
 III Berlin 24 PF	34	35	36
37	38	39	40
 Berlin IV PF 30	42	43	44
45	46	47	48
49	50	51	52

CARTE DE QUITTANCE

5	6	7	8
13	14	15	16
21	22	23	24

RÉCAPITULATION

NOMBRE DES SEMAINES DE VERSEMENT DANS LA CLASSE DE SALAIRE …… ………	I	II	III	·IV

DURÉE DES MALADIES CERTIFIÉES		DURÉE DU SERVICE MILITAIRE	
DE	A INCLUS	DE	A INCLUS.

.L. S.

(LOCALITÉ ET DATE) ....

(AUTORITÉ QUI A FAIT LE COMPTE CI-DESSUS:) ....

(Suivent les instructions.)

47

Suivons maintenant un assuré qui a atteint l'âge de 70 ans et qui réclame sa pension ; la procédure est à peu près la même pour l'invalide. L'impétrant s'adresse à l'autorité administrative inférieure — en Prusse c'est le sous-préfet, et dans les villes de plus de 10,000 âmes, l'autorité municipale (magistrat) (1) — et présente les cartes de quittances accompagnées, s'il y a lieu, des certificats de maladie et de service militaire. L'autorité administrative saisie de l'affaire, la soumet à un premier examen (elle forme le dossier, le fait compléter au besoin) et envoie les pièces au comité directeur de l'établissement d'assurance auquel les derniers versements ont été faits. Le comité directeur examine le dossier à fond, et si la demande parait justifiée, il se fait envoyer les cartes de quittances antérieures, conservées par les autres établissements d'assurance, si l'ouvrier a travaillé dans différentes circonscriptions ; si l'ouvrier ne s'est pas déplacé, le directeur a toutes les cartes dans ses archives. Vérification faite, si les pièces sont en règle, il prend une décision pour fixer le montant de la pension.

Si l'impétrant demande une rente ou pension d'invalide, l'autorité administrative inférieure doit d'abord recueillir l'avis du délégué local ou homme de confiance (on en consulte souvent deux) et celle du directeur de la caisse de maladie à laquelle l'assuré appartient ; ces deux avis sont adressés avec les cartes de quittances et autres pièces (certificat du médecin) au directeur ou comité directeur de l'établissement d'assurance qui, si le dossier est complet, prend sa décision. Il peut arriver que l'invalidité provienne d'un accident ; le montant de la rente est alors établi provisoirement, et mis

(1) En Bavière, c'est toujours à l'autorité municipale qu'il faut s'adresser. En Prusse, les petites communes n'ont pas de « magistrats. »

à la charge de l'association professionnelle. Le conflit entre les deux catégories d'assurances est résolu par le juge ordinaire, dit le § 76. L'intervention du juge civil semble illogique ici, et je ne vois pas pourquoi on a créé cette exception à la règle qui veut que la procédure soit toujours conduite avec la simplicité administrative.

Quoiqu'il en soit, la décision du directeur de l'assurance est notifiée à l'impétrant. S'il l'accepte, le bureau de poste le plus voisin est chargé de payer la rente, mensuellement et d'avance. S'il ne l'accepte pas, il peut en appeler à un tribunal arbitral, et au besoin les deux parties ont un recours de la décision de ce tribunal à l'Office d'assurance de l'Empire.

Une disposition qui montre d'une manière frappante combien la loi est compliquée est contenue dans le § 87. Dès qu'une rente est définitivement fixée, dit ce §, le directeur de l'Établissement d'assurance intéressé envoie une copie de la décision, accompagnée des cartes de quittances, au *bureau des comptes* de l'Office d'assurance de l'Empire. Les très nombreux calculateurs de ce bureau (§ 88 et 89) font le départ des charges. C'est ce bureau qui attribue à l'Empire les 50 *M.* qu'il doit comme subvention et ensuite à chaque établissement d'assurance la part proportionnelle aux versements qu'il a reçus. C'est dans cette proportion que les différents établissements doivent rembourser à la poste chaque rente d'invalide ou de vieillards dont elle fait l'avance. Souvent plusieurs établissements concourent au payement d'une même pension. Les versements, on se le rappelle, sont les éléments du capital de chaque établissement d'assurance, lequel place les fonds qui s'accumulent dans ses caisses aussi productivement qu'il peut le faire sans danger (1), car, répétons-le, il faut que chaque établissement se suffise ; si c'était nécessaire, il éleverait les cotisations, s'unirait à un autre

(1) On trouvera plus loin, dans la statistique, quelques indications sur les placements de fonds.

établissement, pratiquerait la réassurance et se comporterait dans la mesure permise par la loi, comme une assurance privée.

48

Je crois, dans cet exposé, n'avoir oublié rien d'essentiel, mais j'ai dû passer sur de nombreux détails. On se rappelle, par exemple, que certaines caisses sont traitées comme des établissements d'assurance et reçoivent des versements, le bureau des comptes leur attribue également leurs parts ; mais comme ces caisses paient directement aux titulaires, la pension à laquelle ils ont droit, l'État leur verse sa subvention (50 *M.*) à la fin de l'année. C'est aussi à la fin de l'année que les établissements font tenir leur part contributive aux caisses particulières autorisées.

Autre détail. La loi prévoit l'assurance volontaire ; en pareil cas l'Empire ne donne aucune subvention, l'assuré volontaire est tenu de verser lui-même cette somme de 50 *M.* sous la forme de timbres supplémentaires d'un dessin spécial. Toutefois, un entrepreneur qui n'occupe habituellement qu'un ouvrier, s'il a été ouvrier lui-même, et a causé (1) en cette qualité au moins 235 versements, n'a pas à appliquer le timbre supplémentaire ; pour lui, il suffit de coller le timbre de 20 pf. (classe de salaire II). L'ouvrier qui ne travaille tous les ans que pendant une saison jouit de la même faveur pour les versements *intermédiaires* (pendant le chômage) qu'il fait lui-même. (Les autres sont faits par le patron, on ne doit pas l'oublier.)

(1) C'est l'expression dont se sert la loi. Le fait qu'un patron engage des ouvriers l'oblige à opérer ces versements, dont il est libre de se faire rembourser la moitié en la retenant sur les salaires. S'il a oublié de retenir, tant pis pour lui, il ne peut pas revenir après coup.

La rente « repose », sommeille, c'est-à-dire n'est pas payée, dans les cas suivants :

1. Si le titulaire reçoit une rente pour cause d'accident, ou une pension qui, avec la rente pour l'invalidité ou la vieillesse, feraient ensemble plus de 415 marks, c'est dire que le cumul n'est admis que jusqu'à cette somme.

2. Pendant que le titulaire est en prison ou dans une maison de travail pour plus d'un mois.

3. Tant que le titulaire est établi à l'étranger. Ajoutons que l'ouvrier étranger habitant l'Allemagne et *ayant été l'objet de versements* (le versement étant une obligation imposée au patron pour chaque ouvrier) reçoit la pension tant qu'il reste en Allemagne. S'il quitte ce pays, on lui donne à titre de compensation un capital égal à 3 fois le montant de sa rente.

Enfin, l'infirme qui guérit n'a plus droit à la rente. On perd aussi ses droits quand on ne fait pas de versement pendant quatre années.

49

Nous allons reproduire maintenant la statistique relative à l'année 1892, ce qui ne représente qu'une bien courte période mais qui nous procurera des documents qui faciliteront l'intelligence plus approfondie de cette curieuse organisation.

Il y a 31 établissements d'assurance avec 150 membres des comités-directeurs, 894 employés, caissiers, etc., 618 membres des commissions, 58,633 hommes de confiance, 289 contrôleurs, 613 tribunaux arbitraux, 8,293 bureaux de vente des timbres (1), 4,425 caisses de maladie autorisées à percevoir les versements hebdomadaires, 2,906 caisses municipales ayant reçu la même tâche.

Nombre des rentes accordées en 1892 ;

Rente d'invalidité 16,529, rentes pour vieillesse 42,218.

____

(1) Autres que les bureaux de poste. Des boutiquiers ont été autorisés à vendre ces timbres.

Dépenses admises dans l'année :

a. Montant des rentes d'invalide accordées dans l'année	713,600 *M.*	19
b. — — de vieillesse	12,318,781	21
c. — compensations en capital payées . . .	64	60
d. — dépenses pour soins médicaux	31,835	70
Total	13,064,281	70
Frais d'administration.	3,692,801	90
Procédure, etc., frais de perception (804,026, *M.* 31)	908,622	27
Versé au fonds de réserve	9,276,797	31
Ensemble des dépenses .	26,942,503	18
Recettes totales (versements (1), intérêts, fermages, amendes, etc.).	92,070,714	75
Excédent des recettes . .	65,128,211	57
Report de l'année précédente.	73,373,829	31
Cela constitue, fin 1892, un fonds de roulement de .	138,502,040	88
Montant antérieur du fonds de réserve.	12,861,441	40
Montant de l'avoir des Établissements d'assurance au 31 décembre 1892.	151,363,482	28

Un tableau comparatif des frais d'administration nous montre que sur les 31 établissements d'assurance quatre ont dépensé moins de 2 °/₀ des recettes provenant de versements et deux plus de 8 °/₀, les 25 autres sont restés entre ces deux limites ; moyenne général 4 *M.* 17 °/₀. La dépense par tête a été de 0 *M.* 12 pf. au moins et de 80 pf. au plus, moyenne 40 pf.

Sur 100 *M.* de versement en 1892, 15.78 étaient de la classe de salaire I; 38.69 de la classe II (dont 0.03 de timbres supplémentaires pour les assurés volontaires); 25.71 de la classe III; 19.81 de la classe IV.

Sur les placements opérés en 1891 et 1892 nous trouvons les chiffres suivants:

Effets publics et hypothèques : valeur nominale 147,000,306, achetées aux prix de 141,535,821 *M.*, rapportant 5,189,410 *M.* 82,

(1) Les versements ont rapporté 88,500,000 environ.

soit 3.67 °/₀. Immeubles, prix d'aceat 5,265,793 M. 20. Cela
fait ensemble plus de 151 millions.

Jusqu'au 1ᵉʳ octobre 1894, un total de 294,248 pensions de
vieillesse avaient été demandées au 31 établissement territoriales d'assurance, dont 232,320 furent admises et 49,175 rejetées; 6,303 n'ont pas encore été jugées, 6,450 ont reçues des
solutions diverses.

A la même date 130,120 demandes de pensions pour cause
d'infirmité furent présentées. Sur ce nombre 89,843 furent
accordées, 27,405 rejetées, 6,940 n'ont pas encore été jugées
et 5,932 demandes reçurent des solutions diverses.

50

Ces chiffres ne s'appliquent qu'aux deux premières années
d'existence de l'institution et l'on peut se demander ce que
celle-ci deviendra, car tout change ou *évolue* comme on dit
de nos jours. Pour l'assurance contre la vieillesse et l'invalidité où peut mener l'évolution? C'est là la première question
qui se présente. Selon toutes les probabilités elle portera le
législateur à élever le montant des pensions. Ce sera naturellement une des plate-formes de l'opposition radicale et socialiste. On s'est plaint, dès la discussion de la loi, de l'exiguité
de la rente, et les nécessités de la réélection forceront les
parties extrêmes à insister sur ce point avec leur violence ac-
coutumée. Ce qui affaiblira la résistance du gouvernement
allemand c'est qu'il a épousé la doctrine de ceux qui chargent
l'Etat de remplacer, non seulement la providence divine. mais
encore la prudence et la prévoyance humaine. Personne n'a
encore prouvé que cet excès de devoirs incombait à l'Etat,
mais on a prouvé que l'Etat, c'est la majorité des citoyens,
c'est-à-dire la force. Or de tous temps les penseurs, philosophes,
publicistes, économistes n'ont eu, en politique, qu'une seule
préoccupation, celle d'empêcher la majorité d'opprimer la
minorité, et la force dé primer le droit. Les doctrines qui

poursuivent ce but sont connues sous le nom de libéralisme, elles ont régné un moment dans les temps modernes et ce n'est pas l'époque la moins heureuse que nous ayons vue. Malheureusement ces doctrines « évoluent » à leur tour, ou plutôt certains partis tendent à les transformer en théories autoritaires et même en théories nettement socialistes. L'avenir nous renseignera sur les conséquences de ce changement, si on parvient à les réaliser.

En attendant, et sans que les pensions grossissent, et par le seul fait qu'il faut en assurer le paiement en plaçant des capitaux d'une importance correspondante, plusieurs milliards seront jetés sur le marché des capitaux ; les 31 établissements d'assurance se feront même concurrence pour les placements et le taux de l'intérêt tombera si bas que les revenus deviendront insuffisants pour couvrir les dépenses. On ne pourra plus payer les pensions sans recourir à des voies et moyens dont nous n'avons encore aucune idée. Aussi nous abstenous-nous de ne rien prédire. Il nous est impossible de voir en rose l'avenir de cette institution.

Pourtant, il y a un important argument à faire valoir en sa faveur, mais un argument spécial, applicable plus particulièrement à l'Allemagne. Le voici. L'Allemagne est sous le régime de l'assistance publique obligatoire, les communes sont tenues de venir en aide aux pauvres, et au besoin l'Etat peut les y forcer. Comme nous le verrons dans le chapitre qui suit, les communes s'acquittent consciencieusement de leur tâche et, selon le cas, font des pensions à leurs pauvres. Or ce que la loi de 1889 offre à la vieillesse, ce n'est guère qu'une pension pareille, qui empêche de mourir de faim, sans procurer l'ombre d'un confort. La loi ne fait que changer le nom du bienfait. Pour l'assistance publique il s'appelle secours, aumône ; pour l'assurance, il a nom rente ou pension, c'est dans les deux cas 140 à 150 *M.* par an. La différence essentielle entre les deux procédés consiste en ceci : l'assurance suppose des primes, des versements à faire par l'assuré, celui-ci garde sa dignité de citoyen et la commune voit ses charges diminuer. Et ses charges sont considérables. L'absence d'octrois (ils vont être en quelque sorte rétablis en Allemagne), et le fardeau de l'assistance publique font que des communes ont parfois plus de 500 centimes additionnels à leur charge. L'assurance allégera ce fardeau. Le gouvernement a dû insister sur ces considérations pour faire adopter la loi, qui a passé difficilement. En tous cas, si l'on a cru gagner les socialistes par cette mesure, on s'est complètement trompé. On ne saurait jamais satisfaire les socialistes, parcequ'ils demandent plus qu'on ne pourra leur donner. Il est plus facile et plus fréquent, de convoiter le bien d'autrui, que de se dépouiller de son propre bien pour le passer à d'autres personnes. Mais n'insistons pas. Constatons seulement que les circonstances atténuantes, et si l'on peut dire ainsi, facilitantes, qui existent en Allemagne, n'existent pas ailleurs ; nous avons néanmoins vu proposer dans certains pays des pensions de 500 fr., quand on n'avait pas de quoi donner 150 fr. comme en Allemagne. Mais on est d'autant plus large dans ses promesses qu'on est moins dans l'obligation ou dans la possibilité de les tenir, de les réaliser.

Chapitre V. — L'Assistance publique en Allemagne. Le système d'Elberfeld.

51

Il a été si souvent nécessaire, dans les chapitres qui précèdent, de faire allusion aux rapports qui existent entre l'assurance ouvrière et l'assistance publique en Allemagne, que j'ai cru devoir donner ici un aperçu succinct de l'organisation de la bienfaisance officielle dans ce pays.

La loi allemande du 6 juin 1870 déclare que tout citoyen qui a besoin de secours doit l'obtenir de l'assistance publique,

La loi ne parle ici que des sujets ou indigènes d'un Etat allemand, car elle ne traite au fond que du domicile de secours, mais dans la pratique, et en se fondant sur d'autres
dispositions légales (1) l'assistance est due à qui en a besoin,
sans aucune distinction de nationalité, de religion ou de couleurs, pour ne citer que les 3 circonstances qui ont le plus
contribué à séparer les hommes en groupes hostiles, hélas,
souvent passionnément ennemis.

Il n'est pas nécessaire que l'intéressé demande formellement un secours; l'assistance doit intervenir spontanément,
dès qu'elle a connaissance de l'état nécessiteux d'un être humain. Mais elle ne lui doit que l'indispensable: Un abri, la
nourriture, des soins médicaux en cas de maladie, etc.. La
loi définit le nécessiteux, celui qui (pour cause d'infirmité ou
de maladie) est incapable de gagner sa vie et celle des siens
et qui n'a aucune fortune, ni aucun parent qui lui doive les
subsistances. Celui qui peut travailler et a de l'occupation
n'est pas indigent, n'a pas besoin de secours; il en résulte,
que la manière rationnelle de venir en aide à un homme valide, c'est de lui procurer du travail. Il faut secourir même
le vagabond ou le paresseux, mais provoquer en même temps
les mesures de repression que le vice comporte. Les secours
sont, dans la pensée du législateur, un devoir public qui ne
confère aucun droit au pauvre (Loi de 1870, art. 33). Ce devoir
incombe à l'État, parce qu'il est chargé de maintenir l'ordre
et la sécurité, c'est donc une attribution de police; la religion
et l'humanité l'y obligent à d'autres points de vue. Aussi, les
autorités chargées d'appliquer les prescriptions des lois sur
l'assistance sont-elles responsables, non envers l'indigent,
mais envers l'État. Toutefois, si le nécessiteux n'a aucune
action contre les autorités qui lui refusent des secours, c'est-
à-dire s'il ne peut pas les faire traduire devant les tribunaux,
il lui reste la voie administrative : il peut porter sa plainte

(1) L. pruss, 8 mars 1870 § 64, 69.

devant ce que nous appellerions le conseil de préfecture, qui décide en dernier ressort si des secours sont dus à l'impétrant. Et lorsqu'une commune a refusé des secours, et que le pauvre, au lieu de porter plainte, a quitté la commune inhospitalière et a préféré étaler sa misère dans une localité, où il n'a pas le « domicile de secours » (1), si cette autre localité, obéissant à la loi, est venue à son aide, elle peut se faire rembourser ses dépenses par la commune qui s'est montrée récalcitrante. Il est des cas où celle-ci devrait le remboursement, même si l'impétrant n'y avait pas ce domicile.

On demandera : Comment l'acquiert-on ? Une réponse complète à cette question exigerait bien des détails, elle renferme tant de *si* et de *mais* ; je dois me contenter de dire que la loi de 1870 connait trois manières d'acquérir le domicile de secours : 1° par droit de naissance, c'est-à-dire on le possède parce qu'on est l'enfant de ses parents, on hérite de leur droit : c'est un droit dérivé ; 2° par le mariage, la femme ayant le domicile de son mari ; 3° pour les individus âgés de 24 ans, par un séjour de 2 ans. La Bavière a une loi de domicile spéciale, du 16 avril 1868, et de plus une loi sur l'assistance publique du 19 avril 1869. On a l'habitude d'opposer le système bavarois au système prussien-allemand, parce que la loi bavaroise ne dit pas « domicile de secours », mais « pays ou localité d'origine », *Heimat*. Le droit de *Heimat* est acquis de quatre manières. 1° par la naissance, c'est qu'on commence forcément à partager le droit de Heimat de ses parents ; 2° il est acquis en outre, *a* par la nomination à une fonction ; *b* par le mariage : pour l'homme, parce qu'il devient chef de famille (il a le Heimat à titre personnel) ; pour la femme, parce qu'elle partage le droit de son mari ; enfin *c* par l'admission au droit de bourgeoisie ; 3° il est obtenu par un

(1) Ce mot a été adopté par le législateur allemand, qui l'a traduit en *Unterstützungs-Wohnsitz*. Autrefois on disait, comme en Bavière *Heima* (pays ou commune d'origine).

séjour ininterrompu de 5 ans si l'on a acquitté pendant ce temps ses impôts et n'a demandé aucun secours ; et de 10 ans lorsqu'on n'a pas payé d'impôts, cela s'applique plus particulièrement aux ouvriers et aux domestiques ; 4° une Heimat peut être attribuée d'office, par exemple à un enfant trouvé, et dans certains autres cas. Ni le système prussien, ni le système bavarois, ne sont en vigueur en Alsace-Lorraine, ce territoire ayant gardé la législation française.

<h2 style="text-align:center">52</h2>

Nous avons vu que les secours sont obligatoires dans les cas donnés, il s'agit maintenant de déterminer qui les doit. Les secours sont dus, soit par les « unions locales d'assistance » (*Ortsarmenverbænde*), soit par les « unions territoriales d'assistance » (*Landarmenverbænde*). Les unions locales consistent, soit en une ville, soit en un groupe de petites communes ; les unions territoriales embrassent un État, une province, souvent un simple arrondissement (c'est l'arrondissement qui est la plus importante unité administrative en Prusse). En fait, le pauvre n'a affaire qu'à l'autorité municipale, ou aux personnes chargées par cette autorité de pratiquer l'assistance publique aux frais de la commune (ou de l'union). On sait que le secours est dû en tout cas, soit sous la forme de numéraire, soit sous celle d'objets nécessaires à la vie, abri, nourriture, vêtements, soit aussi sous la forme d'un lit dans un hospice ou un hôpital, ou même d'une place dans une maison de travail. Si le pauvre est valide, le meilleur secours consistera toujours à lui procurer de l'occupation.

Quand un pauvre a été secouru, la commune examine si ce devoir lui incombait d'une manière absolue. Si elle n'était obligée par la loi qu'à en faire l'avance, elle peut en demander le remboursement, soit à la commune où le secouru a son domicile de secours, soit, si le lieu de ce domicile est inconnu, à l'union territoriale d'assistance. La question : qui doit rembourser? peut se compliquer de différentes manières, mais nous ne pouvons pas nous arrêter sur ces détails. La question du montant des secours a été simplifiée par des tarifs officiels. Celui de la Prusse est du 2 juillet 1870. Ainsi pour un indigent âgé de plus de 14 ans et incapable de travailler, on peut réclamer pour chaque jour, le remboursement de 60 pf. (0 fr, 75) dans les petites communes, et de 80 pf. (1 fr.) dans les grandes (1). Les vêtements fournis sont payés à part. L'indemnité pour soins médicaux, médicaments compris, est de 20 pf. (25 centimes) par jour. Les autres dépenses, notamment pour tout ce qui concerne les enfants, doivent être comptées séparément. Ce règlement n'est valable qu'entre unions prussiennes ; dans les comptes avec des communes d'un autre État on rembourse les dépenses réellement faites. Les communes qui ont avancé des secours peuvent aussi en réclamer le remboursement aux parents qui doivent des ali·ments à l'individu secouru.

Les fonds nécessaires pour administrer les secours sont fournis par les caisses municipales aux unions locales dont la plupart se composent d'une seule commune, et ceux qu'il faut aux unions territoriales, par les circonscriptions intéressées. Mettons les arrondissements. Ces fonds sont pris sur l'ensemble des revenus de ces circonscriptions. Les dépenses de l'assistance publique sont prévues aux budgets locaux — c'est ce qui a d'ailleurs lieu également en France, bien que les dépenses d'assistance obligatoires y soient moins considérables (2) — et les voies et moyens généraux,

(1) Les communes sont classées d'après le montant de l'indemnité due en cas de logements militaires (les soldats étant logés chez l'habitant). — Le tarif du royaume de Saxe est un peu plus élevé. D'autres États allemands ont également promulgué des tarifs. D'autres encore exigent le règlement sur facture.

(2) On sait qu'en France les dépenses causées par les aliénés et par les enfants assistés sont obligatoires pour les départements ; en Allemagne ces dépenses sont à la charge des « unions territoriales, » ce qui est presque la même chose.

en pourvoyant à l'ensemble des besoins locaux, fournissent de quoi couvrir les frais d'assistance. Il n'y a pas d'impôts ; spéciaux — sauf exception —, mais on peut s'en passer, puisqu'il y a unité de caisse et que l'assistance figure au budget des dépenses.

La législation allemande sur l'assistance peut donc se résumer en quelques lignes : tous les nécessiteux doivent être secourus, par la seule raison qu'ils sont nécessiteux. Le devoir en incombe en premier lieu à la commune. Cette dépense est pour elle définitive si le secouru a chez elle le domicile de secours (*Unterstützungs-Wohnsitz*) ou l'indigenat (*Heimat*) ; si le secouru a son domicile ailleurs, la localité ainsi visée doit rembourser les secours ; s'il n'a pas de domicile dans le pays, c'est l'Etat, par l'intermédiaire de la circonscription administrative dont la commune fait partie, qui est tenu de rembourser. Quant aux fonds, ils sont faits par les contribuables, sauf le rare cas où il y a des parents qui doivent les aliments et peuvent les payer, sans parler du cas plus rare encore où des fondations pieuses supportent la dépense entière.

<h2 style="text-align:center">53</h2>

Nous n'apprécierons pas ce système au point de vue philosophico-politique, car nous toucherions bien vite au domaine des questions insolubles. La principale est celle-ci : l'assistance publique est-elle, ou n'est-elle pas obligatoire ? Les arguments en faveur de la négative sont d'ordre rationnel, et les arguments qui soutiennent l'affirmative sont d'ordre sentimental ; or, la lutte entre le sentiment et la raison rappelle la lutte entre la baleine et l'éléphant, deux puissants adversaires qui ne peuvent en venir aux mains. La plupart des personnes — selon leur tempérament — sont gagnées d'avance à l'une ou l'autre solution. La seule chose pratique ici — comme il n'y a rien d'absolu en matière sociale —

c'est de tempérer l'une par l'autre : mettez du sentiment dans l'application de la solution rationnelle, mettez de la raison dans la solution sentimentale. Si donc nous voulons éviter ce qui est de la pure spéculation théorique, nous ne saurions mieux faire que de montrer, par un exemple concret, comment on peut tirer le meilleur parti possible du système de l'assistance obligatoire actuellement en vigueur en Allemagne. C'est la ville d' Elberfeld qui nous servira d'exemple,

C'est qu'il y a, en matière d'sssistance publique, un système d'Elberfeld. Ce système, depuis longtemps célèbre, a été adopté par d'autres villes, mais il n'est nulle part appliqué avec autant de suite.... et de succès, qu'en son lieu d'origine.

Il a été inspiré par la nécessité, mais c'est le temps et les efforts d'hommes de bien qui l'ont perfectionné. A la fin du siècle dernier, la mendicité avait envahi la ville, la charité était exercée par les représentants des cultes, mais sans efficacité et l'on voyait des hommes valides aller de porte en porte, employant plus souvent la menace que la prière ; en revanche, il y avait une véritable disette de travailleurs. La ville décida donc, non seulement de laïciser la bienfaisance, mais encore d'organiser une véritable assistance publique. La décision de la ville fut approuvée par l'autorité supérieure le 11 février 1800. On forma un comité des pauvres composé de six bourgeois de la ville, et l'on posa en principe, qu'on ne secourera que les vrais nécessiteux, qu'on les visitera pour bien connaître leur situation, qu'on ne leur fournira que le stricte nécessaire, et qu'on s'efforcera autant que possible de procurer du travail aux valides. On s'occupa aussi de l'instruction et de l'éducation des enfants. On n'a eu rien à changer à ces principes, qui ont gardé toute leur valeur. Dès cette époque on créa le bulletin personnel (*Abhœrbogen*) renfermant tous les renseignements qui concernent l'indigent secouru, et l'on fixa le tarif des secours à allouer aux nécessiteux, célibataires ou chefs de famille. Reproduisons ce tarif qui date du commencement du siècle comparativement au tarif actuel.

Secours hebdomadaires	Tarif ancien (1)	Tarif actuel
Pour un célibataire	2 *M*. 81 (3 fr. 50)	3 *M*. 50 (450 37 1/2)
— chef de famille	2.43	3
— enfant de plus de 15 ans.	1.68	2.60
— — de 10 à 15 ans	1.50	2
— — de 5 à 10 ans	1.12	1.60
— — de 1 à 5 ans	0.93	1.40
— — de moins de 1 an	0 56	1.

Le tarif actuel ne se trouve pas au complet ici, nous le donnons plus loin; rappelons seulement qu'on a converti la monnaie de l'époque en monnaie actuelle.

54

La tâche était trop considérable pour un comité de six membres, dès l'année suivante on en doubla le nombre. Bientôt on adjoignit à ces douze administrateurs trois représentants des cultes et trente-deux commissaires, le mot *Pfleger* que je traduis ainsi signifie littéralement : « soigneur » (de malade, de pauvre); les douze administraient les fonds et les trente-deux visitaient les pauvres et leur apportaient les secours. Dès lors — le règlement est du 12 août 1802 — on divisa la ville en huit arrondissements (Bezirke) (2), de quatre quartiers (Kreis), à la tête de chaque arrondissement on plaça un administrateur et à la tête de chaque quartier un commissaire. Chaque commissaire (qu'on pourrait aussi appeler *visiteur*) devait s'occuper d'une

(1) Converti en marks de 1 fr. 25.
(2) Je traduis par analogie, les mots allemands étant mal choisis. Rappelons en passant que la ville était beaucoup plus petite alors ; elle a quadruplé et au delà.

douzaine de familles. Les demandes de secours lui étaient adressées, il procédait à l'information et envoyait son rapport ou ses propositions au chef d'arrondissement qui déterminait le montant du secours. C'était une faute d'enlever cette décision au commissaire, car ainsi l'un eût la corvée et autre l'honneur ; cette faute contribua à refroidir le zèle des visiteurs.

A cette époque, l'administration de l'assistance publique ne disposait que du produit des collectes, qui ne suffisait pas toujours, l'administration proposa dès lors de recourir à l'impôt ; mais des années se passèrent avant que la ville eût gain de cause sur ce point. Ces années furent en partie remplies par des discussions très intéressantes entre l'administration laïque et les représentants des cultes, qui revendiquaient la charité comme une attribution qui leur appartenait de droit. On essaya de la charité religieuse, mais elle était plus indulgente que rationnelle. Je n'entre dans aucun développement ayant hâte de me rapprocher des temps modernes et dois me borner à présenter une esquisse tracée à grands traits (1).

Lorsque, par suite de l'augmentation du nombre des pauvres, la collecte ne suffisait plus pour couvrir les frais de l'assistance, la caisse municipale se mit à verser les fonds nécessaires pour combler le déficit. La subvention devint

(1) Citons à cette occasion la très remarquable lettre d'un protestant. Jacob Aders qui resta en minorité en défendant la thèse libérale de la charité pour tous, sans distinction de religion. La lettre de J. Aders est datée du 25 novembre 1817. C'est sans doute un descendant de cet homme de bien, M. Aders, banquier, qui, depuis un an préside le comité d'administration de l'assistance publique avec tact et dévouement. Je lui dois de la reconnaissance pour la manière aimable avec laquelle il m'a facilité l'étude de l'organisation du « système d'Elberfeld. » J'y joins mes remerciements à M. le bourgmestre supérieur Jaeger qui s'est montré, à cette occasion, on ne peut plus aimable, ainsi qu'à M. Schwanenberg, chef du bureau de l'Assistance publique.

bientôt si forte qu'on proposa de lever un impôt spécial pour le service de l'assistance, mais les habitants qui avaient offert les plus fortes contributions à la collecte n'y consentirent qu'à la condition qu'on supprimât les dons volontaires. C'est ainsi que toute la dépense fut mise à la charge de l'impôt. En 1843 une décision fut prise en ce sens par le Conseil municipal.

Une délibération de l'année 1841 avait déjà augmenté le nombre des arrondissements, leur nombre fut fixé alors à dix, divisés en cinquante quartiers ; mais comme les commissaires continuèrent à n'être chargés que des visites tandis que les chefs, d'arrondissement accordaient les secours, les visiteurs y mirent plus de négligence, devinrent même moins sévères, et la mendicité se rétablit peu à peu. En 1852, la ville comptait 50,364 habitants et les secours à domicile causaient une dépense de 178,645 *M.* 18 pf. sans empêcher la mendicité. On éprouva donc le besoin d'une réforme radicale, des citoyens éminents et dévoués se mirent à la tête du mouvement, on cite surtout M. le conseiller intime Daniel von der Heydt qui, avec l'aide de MM. David Peters et Gustave Schlieper, contribua le plus efficacement au succès. Le règlement encore en vigueur date du 9 juillet 1852, mais il a été soumis à de nouvelles délibérations ou, comme dit le document allemand, il a été « réexaminé » dans les séances des 4 janvier 1861, 21 novembre 1876 et 2 décembre 1890. Nous allons analyser succinctement ce règlement, ainsi que les instructions aux commissaires qui l'accompagnent, mais nous croyons devoir en montrer d'abord les effets en citant quelques chiffres : en 1852, la dernière année avant la mise en vigueur du nouveau règlement (1er janvier 1853) il y avait à Elberfeld 67,08 assistés sur 1,000 habitants, en 1890 il n'y en avait plus que 23,29 sur 1,000 ; en 1852 la dépense moyenne par secouru était de 3 *M.* 55, en 1890 de 1 *M.* 84 seulement. Ces chiffres sont éloquents. Je passe à l'analyse du règlement.

55

En vertu des lois des 15 mai 1856, § 54, et 8 mars 1871, § 3, il est établi dans la ville d'Elberfeld une « Administration urbaine des pauvres. » Elle se compose de quatre membres du Conseil municipal et de quatre citoyens désignés pour trois ans par le Conseil municipal. Le maire (*Oberbürger-meister*) est le président de droit, mais il peut se faire remplacer par un adjoint ou par un membre de l'administration des pauvres élu par le Conseil municipal avec son adhésion. Ce remplacement est le cas le plus fréquent.

« L'administration des pauvres est chargée des soins, *Fürsorge*, (1) à accorder aux nécessiteux qui ont le droit de demander des secours à la commune civile (ou laïque) (2). Cette administration est secondée pour les secours à domicile par (actuellement) 36 chefs d'arrondissements et 522 commissaires de quartier (3), et pour la direction des hospices et hôpitaux par une commission *ad hoc*. » Le règlement rappelle que, de par la loi, chaque citoyen est obligé d'accepter pour trois ans des fonctions municipales gratuites. Les chefs d'arrondissement et les commissaires sont solennellement installés et s'engagent formellement à exécuter fidèlement le règlement et les instructions qui s'y rattachent (Serment professionnel).

Chaque arrondissement se compose de 14 ou 15 quartiers, attribués à autant de commissaires. Chaque commissaire ne prend soin que d'un seul quartier, mais leur réunion, présidée par le chef d'arrondissement, forme un conseil. Ce

(1) Exercer la *Fürsorge* c'est *prévoir* les besoins.

(2) Bürgerliche Gemeinde, littéralement commune bourgeoise, pour la distinguer de la commune religieuse (paroisse).

(3) Leur nombre était moindre en 1853, il augmente avec la population, car aucun d'eux ne doit être surchargé.

conseil décide à la majorité des voix. Toute demande de secours est .adressée au commissaire compétent. Celui-ci doit s'informer par lui-même de la situation du pauvre et, si le cas est urgent, il peut accorder immédiatement un léger secours. Le commissaire fait son rapport à la réunion des commissaires de l'arrondissement, qui décide s'il y a lieu à secours, ou à continuer les secours.

L'administration urbaine des pauvres contrôle les registres des procès-verbaux tenus par les arrondissements. Elle peut en modifier au besoin les décisions. Du reste, les chefs d'arrondissement assistent aux séances ordinaires de l'administration urbaine des pauvres et font leurs rapports sur les cas douteux ou sur les cas où les secours semblent devenir permanents. Dans ces séances les chefs d'arrondissement reçoivent de la caisse communale les fonds reconnus nécessaires, et ces chefs les distribuent aux commissaires dans la mesure des besoins constatés. On se réunit tous les 15 jours, le mercredi.

On aura déjà remarqué que le travail est très divisé et que les attributions indiquées sont réparties avec une grande précision. L'administration des pauvres suit de près la manière de pratiquer l'assistance, mais elle étudie aussi les circonstances qui peuvent exercer une influence sur la prospérité publique ou sur l'appauvrissement des populations, et elle doit proposer, si c'est possible, des moyens d'atténuer le mal. Elle dresse le budget de l'assistance, veille au bon emploi des fonds et rend annuellement compte de sa gestion.

Pour ce qui est de l'application du règlement, il incombe surtout aux chefs d'arrondissement et aux commissaires. Ce qui caractérise tout particulièrement le système d'Elberfeld, c'est que sauf de rares exceptions, chaque quartier ne renferme pas plus de quatre pauvres (célibataires ou familles) pour que le commissaire puisse efficacement s'occuper d'eux. Il faut qu'il visite chaque pauvre au moins une fois tous les quinze jours, pour qu'il les connaisse et puisse au besoin exercer une influence morale sur eux. Il tâche de leur procurer du travail et réussit souvent. Les secours ne sont pas abondants et ne sont accordés que temporairement — en cas d'incapacité de travail ils sont pratiquement permanents, néanmoins la décision qui les accorde doit être renouvelée tous les quinze jours — sans débats, il est vrai. J'ai eu l'occasion de voir, en assistant aux séances, qu'on délibérait sérieusement, on discutait souvent, mais, toujours avec bienveillance.

Le tarif actuel des secours en numéraire s'établit ainsi, et ce n'est pas sans intention que je le reproduis. Le secours hebdomadaire est de :

3 marks (3 fr. 75) pour le chef de famille.
2 — 50 pour sa femme (légitime).
3 — pour un enfant de 14 ans et au-dessus qui travaille et obtient un salaire (!).
2 — 20 — — de 14 ans qui ne travaille pas.
2 — — — de 10 à 14 ans.
1 — 60 — — de 5 à 10 ans.
1 — 40 — — de 1 à 5 ans.
1 — — — de moins d'un an.

Cela ferait 16 marks 70 pour une famille ainsi composée.
— 3 — 50 pour un célibataire habitant seul.

Or, 3 *M.* 50 par semaine cela fait 182 *M.* (227 fr. 50) par an, c'est plus que la pension accordée aux ouvriers par l'assurance contre la vieillesse, et le chiffre d'Elberfeld n'est pas le plus élevé, Berlin et quelques autres villes accordent davantage à leurs indigents. J'ai exprimé quelques doutes, à Elberfeld, sur la possibilité de joindre les deux bouts avec une aussi faible somme, mais l'on m'a assuré que les pauvres

(1) Ce qu'il gagne est défalqué du secours que la famille reçoit, sauf les 3 *M.* nécessaires à son entretien.

savaient s'arranger pour « en faire assez. » Soit. Cela prouverait, du rèste, que les vieillards pensionnés par l'assurance et qui iraient habiter la campagne — comme le leur conseille le législateur — en auraient également assez.

La ville d'Elberfeld accorde encore beaucoup de secours en nature, des aliments, des vêtements, de la literie, des soins médicaux, etc., dont je n'ai pas parlé, parce que le système n'offre sur ce point rien de particulier. Je passe aussi ce que je trouve sur l'active bienfaisance privée qui s'exerce dans cette ville pour consacrer quelques lignes aux dépenses causées à Elberfeld par l'Assistance publique.

Cette ville comptait en décembre 1890, selon le recensement 125,899 habitants, on en estime le chiffre actuel (1894) à plus de 133,000. Le budget de l'exercice 1893-94 présente un total des dépenses ordinaires de......... 7.726.000 *M.*
le montant des recettes ordinaires, non compris l'impôt sur le revenu et les centimes (pfennings) additionnels sur les contributions foncières, des bâtiments et de l'industrie ou la patente, est de............................ 4.804.000 *M.*

Il s'agit de trouver (en dehors des droits sur la bière et les chiens)................ 2.922.000 *M.*

On a trouvé 3,053,925 *M.* L'impôt sur le revenu a fourni 2,802,122 *M.*, les centimes additionnels sur les 3 impôts directs 130,678, les centimes additionnels sur la bière 100,075, la taxe des chiens, etc., 21,500 *M.*

Les dépenses de l'assistance publique ne se sont élevées qu'à 665,679 *M.* dont 446,962 *M.* sont couverts par l'impôt, le reste l'a été par les revenus propres de l'administration des pauvres. Parmi ces revenus signalons les suivants : intérêts et fermages 40,807, *M.* amendes 19,800, droits des indigents (imposé aux fêtes et théâtres) 9,051, remboursements de secours, de frais d'enterrement, etc., 125,777 *M.* ; le reste vient de dons et de sources diverses.

Parmi les dépenses (665,679 *M.*) les principales ont trait : aux secours à domicile 259,507 *M.*, à la maison des pauvres (hospice) 54,524, aux enfants assistés (orphelinat compris) 104,886, aux hôpitaux urbains 191,046, aux distributions de chauffage, etc., 19,638, frais d'administration (frais de bureaux) 19,638. Le reste se répartit entre plusieurs articles.

Si l'on défalque des 665,679 *M.* les dépenses inscrites pour ordre, c'est-à-dire auxquelles correspondent des recettes du même chiffre, il reste, dépense réelle, 638,373 *M.*, ce qui fait 5 *M.* 06 par habitant. On ne doit pas oublier que, les secours à domicile ne s'élevant qu'à 259,507 *M.*, la moyenne par tête n'est plus ici que d'un peu plus de 2 *M.*

Le personnel secouru en 1890-91 a été : à domicile 2,284, dans les hospices 542, ensemble 2,826 personnes, soit, par 1,000 habitants 22,4.

On ne saurait contester que le système d'assistance établi à Elberfeld satisfasse à la fois la raison et le sentiment : la raison, parce qu'il ne vient au secours que des nécessiteux, parce qu'il tient compte des besoins réels seulement, sans alimenter la paresse ; il ne perd d'ailleurs pas de vue la nécessité de ménager les fonds de la ville. Il satisfait le sentiment par le mode de distribution des secours. Les commissaires doivent visiter les pauvres, ils doivent leur porter, avec l'assistance matérielle, la bonne parole qui console, encourage et relève le moral ; ils doivent se montrer compatissants, s'efforcer de procurer du travail, et faire le possible pour que l'indigent ne se sente pas isolé, abandonné, sans amis. D'après ce que j'ai pu voir dans le court séjour que j'ai fait à Elberfeld, les administrateurs et les commissaires prennent leur mission au sérieux, les règlements sont appliqués avec exactitude, avec un esprit charitable, avec zèle même, la réputation du système d'Elberfeld est donc bien méritée.

Qu'on me permette d'ajouter que cette ville me fournit

un exemple de plus en faveur d'un axiome que j'ai souvent soutenu : le meilleur des instruments ne vaut que par la main qui le conduit ; la meilleure des constitutions, la meilleure des lois, le meilleur des règlements n'obtiennent toute leur valeur que par la manière intelligente et honnête de les appliquer.

TABLE DES MATIÈRES

Orléans. — Imp. Paul PIGELET.

PRINCIPAUX OUVRAGES DE L'AUTEUR

Statistique de la France, couronné par l'Institut, 2º édition, 2 volumes. Paris, Guillaumin et Cⁱᵒ.

Traité théorique et pratique de statistique, 2º édition, 1 volume. Paris, Guillaumin et Cⁱᵒ.

L'Europe politique et sociale, 2º édition, 1 volume. Paris, Hachette et Cⁱᵒ.

Progrès de la science économique depuis Ad. Smith, 2 volumes. Paris, Guillaumin et Cⁱᵒ.

Petit Manuel d'économie politique, Prix Montyon. Traduit en douze langues. Paris, Hetzel et Cⁱᵒ.

Entretiens familiers sur l'administration de notre pays, 12 petits volumes. Paris, Hetzel et Cⁱᵒ.

Dictionnaire de l'Administration française, 3º édition. Paris, Berger-Levrault et Cⁱᵒ.

Les Communes et la Liberté. Paris, Berger-Levrault et Cⁱᵒ.

Dictionnaire général de la politique. 2ᵉ édition. Paris, Perrin et Cⁱᵒ.

L'Espagne en 1850. (*Épuisé.*) Paris, Guillaumin et Cⁱᵒ.

Des Charges de l'agriculture dans les divers pays de l'Europe, couronné. (*Épuisé.*) Veuve Bouchard-Huzard.

Annuaire de l'économie politique et de la statistique, 1 volume par an depuis 1856. Paris, Guillaumin et Cⁱᵉ.

Aphorismes économiques. Paris, Guillaumin et Cⁱᵒ.

Le Socialisme moderne. Paris, Hachette et Cⁱᵒ.

Les Suites d'une grève. Paris, Hachette et Cⁱᵒ.

L'État et la Société, le Socialisme et l'Individualisme. Paris. Guillaumin et Cⁱᵒ.